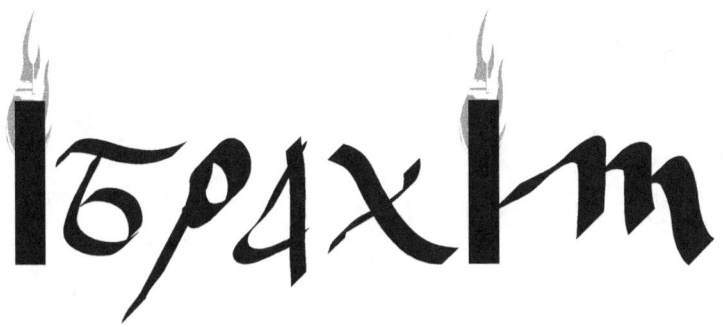

Roman O Besmislu

IBRAHIM

Nedžis Halilović

Autor i izdavač

Nedžis Halilović

Lektura

Ljilja Stojanović

Layout i dizajn naslovnice

Adis Jugo

Tiraž

300 primjeraka

Štampa

WIRmachenDRUCK GmbH
   Mühlbachstr. 7, 71522 Backnang, Njemačka Nedžis Halilović

ISBN 978-1-961619-06-7

CIP zapis dostupan u COBISS sistemu Nacionalne i univerzitetske biblioteke BiH pod ID brojem 50650118

Dragan Bursać o Ibrahimu

Ibrahime, jesam li to ja?

„Na današnji dan 1980. godine, preminuo je doživotni predsjednik Jugoslavije, Josip Broz Tito...“

Ovo je početak i kraj. Ovom smrću su omeđeni naši životi jednako kao i onaj Hadžibegićev promašaj na Mundijalu. I to Nedžis zna. Jednako kao što zna i pisati.

A mogao sam kazati kako je ovo roman o meni, o tebi, o Josipu Brozu, o vještini baratanja nožem, o nogometu i smrti; u svim mogućim oblicima života i nestajanja... Kažem mogao sam sve to predložiti, kako bih vas zainteresovao.. i ne bih pogriješio.

Ali nije potrebno.

"Ibrahim" vas uzima nakon prve rečenice, negdje, biće to majska nedjelja, baš tog 4. maja 1980 i ne pušta vas do kraja svog ili vašeg života. Ibrahim, htjedoh napisati, to smo svi miali nismo! Samo su pojedini privliegovani da shvate, drugi su još privilegovaniji da nikad ne shvate Ibrahima u "Ibrahimu".

Opet će me neko pitati, pa ko je Ibrahim? Čitajte Nedžisa Halilovića pa ćete znati. Čitajte njega da ne bi čitali sebe, ili ćete baš sebe čitati dok vam se u glavi od slova, riječi i rečenica stvaraju halucinacije poznate kao iskustvo čitanja.

A sad na stvar:

"Ibrahim" je naracija koja najviše liči stripu. Ili kakvom sjajnom scenariju za film. I to nipošto nije kritika ili negativna opaska. Naprotiv! Nedžis Halilović ima tu moć, koju rijetki imaju da vam ubacuje filmove u glavu sa 30 slovnih znakova. Dok sam čitao "Ibrahima" gledao sam filmske sekvence, pomiješane sa kvalitetnim stripovskim crno-bijelim tablama.

Ibrahim je heroj.

A opet?

A opet, Ibrahim iako u sebi ima tog Dylan Doga, nije mračni anglosaksonski antiheroj. Nije ni Betmen, nije ni Supermen, Supermen ponajmanje. I onda razmišljam: teško mi je naći heroja koji u sebi sadrži takav uzet i takav ambis. Jer su heroji po prirodi stvari besmrtni-traju zarad fikcije i tiraža. Sa druge strane, Ibrahim je… čitajte.

A nije Ibrahim ni običan čovjek. To nikako!

U Ibrahimu ćete slabo šta naći od ordinarnog. On, tastaturom Nedžisovom (p)ostaje neki naš Merso ili Raskoljnjikov. Junak razapet između vrhunskog kategoričkog imperativa dobra po sebi i najdubljih ponora ljudske duše. Za sebe. I ulice Alžira ili Sankt Petrerburga sa Mersoom i Raskoljnjikom dobijaju našeg sarajevskog Ibrahima.

(Anti)Heroj razapet između svjetova i epoha.

Neki će reći, veliko je porediti Nedžisa Halilovića sa Kamijem ili Dostojevskim. Nemam tu namjeru. Samo vam hoću kazati da sam se čitajući "Ibrahima" izvozao Sarajevom, a bez da mi je saopšteno pet ili šest najvažnijih toponima za radnju. Ali zato nebo…(čitajte). Nekako to Sarajevo intuitivno osjećam iza pozadinskih Nedžisovih slova.

Osjećam i ono što je slabo ko napisao u BiH poslijertanoj ili preciznije baš ratnoj književnosti, a to je suočavanje sa "zlom u meni"; Sa zlom u "mojoj strani". Osjećam i vidim onu mrtvu Mladenku iz Grabovice o kojoj sam pisao, kako se susrela sa pravednim Nedžisovim Ibrahimom te 1993. Ali prekasno, glasno sam izgovorio dok sam čitao. Mladenka je bila mrtva, ubijena par sati ranije, majka joj silovana, a Ibrahim je tu da uhvati ubice.

Pa se onda na čudesan način spetljao moj um iz te Grabovice sa Nedžisovim umom u Grabovici. Pisac susreće pisca, kaže se profano, realnost dotiče fikciju, a zapravo smo se prvi put dotakli u tom paklu ponad Neretve, bez da smo se vijdjeli. Nedžis i ja, Mladenika i Ibrahim.

I opet kažem, čitajte!

I onaj krešendo, za Mladenku čije se ime ne spominje let, za Ibrahima padom uslijedio je odmah potom.

Očekivano? Ne znam, vozila su me slova. Dalje i dalje.

A na kraju, pa na kraju je na današnji dan umro drug Tito.

Svaki put neočekivano. I tada 1980. i danas 2022.

Hoću vam kazati, morate propriti kroz ovaj sjani roman, e da bi znali kakav mu je početak ili kakav vam je kraj. A saznaćete.

E sad bih trebao uljuđeno hvaliti pisca, a mogu ga zvati piscem, jer to jeste Nedžis Halilović.

Ali neću to činiti.

Nisam takav čovjek i ne ide me afirmacija. Samo ću kazati, štivo pred vama se ne čita u jednom dahu, nego u jednom izdahu iz koga će izaći i vaši demoni. O da! Uvući će vas Nedžis u nešto što je bajkovito, a strašno, ispod čega viri nešto što je vaše. A vi? Šta će biti sa vama nakon čitanja romana?

Pa to nije do Nedžisa, do vas je.

Usudi se, pročitaj Ibrahima!

Ko je preživio rat, mir sigurno neće!

Andrej Nikolaidis o Ibrahimu

„Ibrahim" Nedžisa Halilovića je potresan roman o ratu u Bosni i Hercegovini.

Priča je to o tome kako rat jede ljude – pa i one koji su u njemu pobijedili, one koji su povjerovali da su rat preživjeli.

Priča je to o sudbini Ibrahima, heroja odbrane Sarajeva, koji neće stradati od neprijateljske ruke, već od podlosti „svojih", za koje on uporno i dosljedno ističe kako njegovi nisu.

Roman tematizuje dvije traumatične, bolne tačke odbrane od agresije na Bosnu i Hercegovinu – masakr u Grabovici i ratne zločine počinjene u opkoljenom Sarajevu.

Halilović se suptilno i nepokolebljivo etično odnosi ne samo prema svojim likovima, nego i prema crnim tačkama naše skorašnje istorije.

„Ibrahim" je, između ostalog, impresivna studija o superiornosti etičke nad etničkom zajednicom. Jednako kao njegov lik Ibrahim, Halilović nikakvim „višim" razlozima nije spreman opravdati zlo. Jer zna: svaki drugi način borbe protiv zla unaprijed je osuđen na propast.

„Ibrahim" je roman visokog etičkog imperativa.

Onako kako je to činio heroj Ibrahim u ovom romanu, Sarajevo je odbranjeno u ratu. Onako kako je to u svom romanu „Ibrahim" učinio Nedžis Halilović, Sarajevo i Bosna biće odbranjeni danas.

Spremio joj je iznenadjenje. Činilo se da vrijeme vraški sporo prolazi dok ju je čekao sjedeći na klupi tramvajske stanice, preko puta sarajevske Vijećnice. Ubrzo ju je ugledao, kako u prozirnoj ljetnoj haljini pokušava da predje mimo pješačkog prelaza gazeći lokve vode, koje je kiša tog dana, u prolazu, zaboravila da povede sa sobom kada je iznenadjujuće brzo napušala Sarajevo. Nebo iznad Sarajeva je oduvijek bilo divno, ali poslije kiše, kao da ništa ljepše nije postojalo na svijetu.

Možda tek Ivana, mlada i krhka dalmatinka, dok brzopleto pokušava da predje preko ulice, osvrućući se tamo-amo, kada bi je neki automobil getribom opomenuo da je opasno to što radi, ali nju nije bilo puno briga za to. Na drugoj strani bi primjetila Ibrahima, kako je čeka i to je sve što je vidjela.

Brzo bi se bacila u njegov zagrljaj i tipični mladalački poljupci uz smjeh i cerekanje bi veselo zapjevali odu što je proljeće tako divno.

-Hajde, vodim te nekuda. - rekao joj.

-Kuda? -upitala bi Ivana znatiželjno.

-To je iznenadjenje, hajde, dođi.

Veselo bi se uz blagu uzbrdicu brzo su se popeli na Bistrik i zagrljeno stali ispred sive zgrade.

-Ovdje živiš? - upitala je krhka djevojka u proljetnoj haljini neispuštajući svog voljenog iz zagrljaja.

-Da, hajde, idemo unutra.

Pošla je za njim. Za njim bi pošla i na drugi kraj svijeta. Ivana ga je shvaćala, bolje nego itko na svijetu. Nije bilo ni potrebe da nešto zapita, ona je već unaprijed znala šta on želi. Niko na svijetu nije bolje shvaćao Ibrahima, od Ivane. I Ibrahim je to znao. I nije mu smetalo. Nije se mogao zamisliti bez nje u proteklih desetak mjeseci, a ni ona bez njega. Voljela ga je onakvog kakav jeste. Šaljivdžiju, dobricu i sa nebom u licu. Ibrahim je bio veoma kulturan i učen mladić, prije nego što je dobio volju da postane svemoguć u njenim očima, želio je da postane stomatolog, i bio je na dobrom putu. Iz njegovih usta se nikada nije začula neka vulgarna riječ, psovka ili uvreda, niti je bio jedan od onih galamdžija i svadljivih ljudi. Volio je šalu izbjegavajući psovke i vulgarnosti. I ta njegova otmjenost budila je neizmjernu vatru u Ivaninom srcu. Sarajlije je uvijek zamišljala kao nestašne momke, mangupe, i ta Ibrahimova smirenost kao da ju je pozitivno iznenadila. Kao da je momčić od dvadesetak godina davno odrastao i postao čovjek. A Ibrahim ko Ibrahim, bio je jedan od onih ljudi koji se čvrsto drže svog zacrtanog cilja i tvrdoglavo i sigurno kroče ka njemu. Neki ljudi prerano odrastu, pa im je kasnije teško odgonetnuti je li to mana ili prednost. Ivana je dobro znala da je Ibrahim čovjek koji zna šta želi i zna kako to dobiti. Ta njegova osobina ju je osvojila i odmah je shvatila da se radi o čovjeku, koji je nikada neće ostaviti samu.

-Hajde, sjedi - reče Ibrahim nakon što su ušli stan koji se nalazio na ko zna kojem spratu zgrade, jer Ivana je prestala da broji spratove što su ih maloprije prolazili, znajući da je Ibrahim ne dovodi u svoj stan tek tako. Kod Ibrahima se ništa ne dešava tek tako, a ni Ivana nije bila lakovjerna djevojka. Daleko od toga. Buduća učiteljica u osnovnoj školi, dobro je znala da Ibrahim nešto sprema, iako nije znala šta, ali prestala je da razmišlja o tome kada se po prvi put obrela u Ibrahimovom stanu. Svidio joj se, kao što joj se svidjalo sve što ima veze sa Ibrahimom.

-Sigurno se pitaš zašto sam te doveo ovdje. - upitao ju je Ibrahim.

-Pa i ne baš. - odgovori ona osvrćući se po stanu, a dobro je znala da laže, izjedala se iznutra od nestrpljivosti da se uvjeri o čemu se radi. Pogledala je u Ibrahima. Nervozno je hodao po stanu, vidjelo se da je uznemiren. Neugodna tišina je počela da priča,a Ivana nije htjela da je sluša, pa upita Ibrahima;

-Gdje ti je djed?

-Ne znam. Tu negdje vani. - reče spremajući kahvu u kuhinji.

Ibrahim je živio sa djedom cijeli svoj život. Djed Ismet mu je bio sve što ima. Bio je dijete kojeg su roditelji napustili odmah nakon njegova rodjenja i otišli ko zna gdje, ko zna kuda. Djed Ismet ga je uzeo k sebi i stan ove sive zgrade na Bistriku, od tada je postao njegov dom. Nikada nije volio da priča o svojim roditeljima, čak ni Ivani. Rekao joj je ono što treba da zna i to je to, a ona je uvidjela da Ibrahim ne voli da priča o njima, pa mu nikada i nije postavljala pitanja vezana za oca i majku. Gledala je kako dječak, kojeg su roditelji odmah poslije rodjenja napustili i više ikada poželjeli da ga vide, postaje čovjek koji u džepovima svog kaputa nosi ljubav, sigurnost i samouvjerenost, kakvu još nije spoznala da postoji.

Ubrzo je donio kahvu. Njoj je to bilo smiješno, nikada nije zamišljala Ibrahima da kuha kahvu i poslužuje je. Barem to kod njih u Dalmaciji nije takav slučaj da muškarac poslužuje kafu. Ivana je rodom iz Šibenika, njenog oca, majora Jugoslovenske narodne armije, služba je često selila u razne dijelove Jugoslavije, a on kud god bi išao, sa sobom je vodio svoju suprugu Sandrinu i svoju kćerku Ivanu. Na sreću Ibrahima i Ivane, takav jedan put ga doveo u Sarajevo. I sada mlada, krhka i inatna dalamtinka sjedi u stanu jednog bosanca, koji je poslužuje kahvom i predosjeća da bi se uskoro moglo nešto da dogodi, ali nije znala šta.

Ibrahim je sjeo do nje.

-Kako ti se sviđa Sarajevo? - nije znao šta priča, pa je za pitanje postavio takvu glupost, iako je znao da Ivana već nekih godinu dana živi u Sarajevu.

-Lijep grad, sa još ljepšim nebom.

-Nebom?

-Da, bila sam u mnogo gradova i mjesta diljem Jugoslavije, ali nigdje nebo nije lijepo kao ovdje u Sarajevu.

-Možda zato što si se u Sarajevu zaljubila? - reče Ibrahim stidljivo se cerekajući.

-A ko kaže da sam se u Sarajevu zaljubila? - i pticama na grani je bilo jasno da je Ivana do ušiju zaljubljena u Ibrahima, ali pristala je da igra tu njegovu igru ljubavnog podbadanja, a znali su oboje, da nemaju ništa osim jedno drugog.

-A možda saznamo uskoro. - reče Ibrahim ustajući. Brzo je zamakao u susjednu sobu. Ogromni crno-bijeli televizor u dnevnoj sobi ispuštao je zvukove tipične za tadašnju bezbrižnu Jugoslaviju, dok je kroz prozor sarajevski vazduh ulazio i smirivao Ivanu. Ništa je nije bolje moglo smiriti od vazduha koji bi sa obližnjih planina svakodnevno zalazio u grad. Nekada joj se činilo da voli ovaj grad više od Ibrahima. On je oduvijek bio miran i leden kada bi pričao o Sarajevu, a Ivana bi brzo pošašavila na svaki pomen Sarajeva.

Ibrahim se ubrzo vratio nazad u dnevnu sobu. Ivana je primjetila na njegovom licu da se čudno ponaša. Uznemirenost koja se očigledno ocrtavala na njegovom licu već ju je pomalo plašila, da se na tren i zabrinula da se nešto nije desilo. Ibrahima se nikada i nije plašila, iako je on rastom bio duplo veći od nje, a njegove ogromne šake su bile veličine njene glave, ali znala je da je on zadnji na svijetu od koga bi joj mogla zaprijetiti neka opasnost. Pogledala ga je. Stojao je na sred dnevne sobe i ćutljivo gledao u nju. Spremao se da nešto uradi. I onda...odjednom je drhtavih nogu klekao pred nju držeći u ruci crnu kutijicu sa prstenom u njoj. Ivana je zanijemila. Naivno bi bilo reći da nikada nije sanjala ovaj trenutak, ali nije očekivala ovoliku radost u srcu i nestrpljenje da joj Ibrahim što prije postavi sudbonosno pitanje. Činilo se da sve traje vječnost, kao u nekom đavolskom usporenom snimku. Ibrahim je kleknuo, cijeli dan se spremao za ovaj trenutak. Cijelu ušteđevinu potrošio na prsten kojim će da zaprosi osobu koju voli najviše na svijetu, ali o novcu nikada nije ni razmišljao koliko je razmišljao o tako jednostavnim riječima kojeg će ovog dana da izgovori "HOĆEŠ LI SE UDATI ZA MENE?"

Još samo da ih prevali preko jezika, jer mu se čin prošnje doimao kao težak zadatak.

I baš u trenutku kada je Ibrahim htio da izgovori sudbonosno pitanje, klečući pred svojom Ivanom, sa televizije se začula još sudbonosnija vijest;

-UMRO JE DRUG TITO!

Kolike su šanse za takvo nešto?

Gotovo pa minimalne.

Ivana je rukama nježno podigla Ibrahima, koji je klečao pred njom ne stigavši da postavi pitanje o kojem je prethodni dana toliko razmišljao, on je polako ustao, zagrlili su se i tiho počeli da plaču. Tek kroz jecaje, sa njenih već suzama okupanih usana, koje je prislonila na Ibrahimovo uho, začulo se; "Pristajem" i oboje su nastavili da plaču. Smrt Josipa Broza Tita bila je udarna i tužna vijest, koja je početkom osamdesetih godina, prodrmala Jugoslaviju, ali Ibrahim i Ivana su znali, koliko god svi plakali, njih dvoje su ispod rijeke suza, čuvali radost znajući da zajedno nastavljaju život.

...

Ibrahim je poslije često znao zezati Ivanu riječima da kad ju je zaprosio, cijela Jugoslavija je plakala, a ona bi mu odgovorila da barem nikada neće moći zaboraviti dan kada ju je zaprosio. Inače, Jugoslavija bila zemlja koju je Ibrahim volio, iako nikada i nije mnogo razmišljao o ljubavi prema ičemu drugom osim Ivane, ali ljubav prema domovini mu je bila usadjena još od prvih školskih dana, kao i iz priči koje mu je pričao djed Ismet, pravi izdanak jugoslovenskog socijalkomunizma. Tito je bio sve. I Bog i batina, i čovjek koji se brinuo o svim narodima i narodnostima na tlu Jugoslavije. Najveći sin vremena svih. Zato su njih dvoje i čekali par mjeseci da se stiša oko Titove smrti, pa su u nekoj čudnoj tišini, reklo bi se kao kradom, u trenirci i patikama, trknuli preko Miljacke do sarajevskog matičara, izgovorili jedno drugom, sudbonosno DA i pobjegli nazad u svoje dvorište ljubavi, gdje nečija smrt nije nadrastala njihovu ljubav.

-Šta misliš Ibro, šta će biti sa Jugoslavijom nakon Titove smrti? - upitala bi ga katkad Ivana, dok su zajedno sjedili za stolom i posmatrali život jedno drugom u očima.

-Neće ništa. Šta bi trebalo da bude?

-Ne znam. Kako ćemo bez Tita?

-Ma pusti te brige, zašto se brineš?

-Ne brinem...samo pitam.

Jednostavno, narod je osjećao da više nije isto. Nešto se mijenja, ali niko nije znao što. I to ih je plašilo iako se osamdesetih godina XX vijeka živjelo potpuno bezbrižno, ali kao da su svi nešto predosjećali. Kao da su se preko noći odjednom svi zainteresovali za politiku i kao da ime Jugoslavije sve više blijedi.

Do Olimpijade u Sarajevu 1984. godine, već su dobili dva sina, Zlatana i Amara. Gledajući ih pored sebe, Ibrahim je bio spokojan, kao da je stekao sve što je želio u životu. Prelijepu ženu, dva divna sina, stančić u Sarajevu, koji mu je ostao nakon smrti dede Ismeta, još da završi specijalizaciju i stekne zvanje stomatologa i cijeli raj je pred njim. A Ibrahim ko Ibrahim, nikada nije ni sumnjao da će jednog dana postati stomatolog. Bio je jedan od onih ljudi koji se čvrsto drže svog zacrtanog cilja i tvrdoglavo i sigurno je kročio ka njemu.

-Znaš li Ivana - upitao bi je ponekad Ibrahim - da svaki čovjek ima svoju srodnu dušu na drugom kraju svijeta.

-Znam - odgovorila bi ona ne skidajući svoj zaljubljeni pogled sa njegovih očiju.

-A eto, ja sam je pronašao tako blizu.

Bio je sretan sa njom i ona je bila sretna sa njim. Nije se mnogo dvoumila kada je one noći svojim roditeljima rekla da ostaje u Sarajevu, jer je u Sarajevu pronašla sebe u očima drugog čovjeka. Sebe, onakvu kakvu se svih ovih godina zamišljala. Ušuškana u Ibrahimov sjaj lica dok je svojim klincima pokazivao kako se šuta lopta ili kako se vozi bicikl, igra šah, domine...znala je da će Ibrahim, i od Zlatana i Amara napraviti insane, kao što je on. Zapravo, u to nikada nije ni sumnjala. A Ibrahim je volio svoje džuniore, onoliko koliko otac može da voli sopstvene sinove, pa možda još i troduplo više. U Zlatanu je vidio samouvjerenost i svoj kapric, svaki put kada mu nešto ne bi bilo po volji, a u Amaru, Ivaninu smirenost, kada se hvata u koštac, sa problemom koji i ne zna da će biti poražen. U obojici je vidio svoj svijet i trudio se da se puno ne uživi, u ulogu oca, jer ničega prepuno ne valja davati drugome. Ni ljubavi, koja zna da utuši, da mu zamagli poglede jednom kad ostane sam, a hoće, ostat će, niti brige za njima, gdje hodaju, šta rade, šta jedu....jer dijete, iako još nije čovjek, zna na neke stvari gledati bolje od odraslih. Ibrahim je to sam spoznao, kada je u tamnim noćima tražio tihu majčinsku riječ, očevu ruku da ga pomiluje, a nije bilo nikoga da mu to pruži. I zakleo se samom sebi, da će jednog dana svojoj djeci pokušati da pruži sve ono što on nije imao, i to i radi, ali sve u granicama. Ničega puno ne valja, ni jela, ni pića, ni smijeha, ni plača, osim da budeš insan, a insana nikad dosta. A Ibro se svakog dana trudio da bude insan, to kao da mu je bila svrha života. Probudi se ujutro i prvo na što pomisli je, hajde da i ovaj dan budem insan. I tako iz dana u dan, sve dok jednog dana ne primjeti da je to i postao. Nekim ljudima je lakše da postanu zli nego dobri, bezosjećajni gadovi nego čovjek sa srcem, jer nekako, ljudi sve manje sklapaju poznanstva i prijateljstva, jer iz nečega takvog ne znaju izvući onu svrhu koju prijateljstvo daje. A koja je uistinu svrha prijateljstva? Ni Ibro nije znao odgovor na to pitanje iako je mnogo puta razmišljao o tome vraćajući se sa posla svojoj kući, kroz uske sarajevske mahale pozdravljajući usput i znane i neznane, koji su u susjednim dućanim ispijali poslijepodnevnu kahvu. Šta je istinski prijatelj? Ibro ih nije imao mnogo ili je pak od prijateljstva očekivao previše. Da li je prijatelj ovaj kojeg sa smiješkom na licu pozdravljaš dok prolazi pored tebe ili je to tek ona učmala rutina bespotrebnog obraćanja jednog čovjeka drugom. Ako je ovo prijateljstvo, ovaj svijet je uistinu jadan i siromašan, pomišljao je Ibro. Prijateljstvo je valjda kao ljubav, i u dobru i u zlu, i dok je Ibro u ljubavi imao sreću, pa je upoznao Ivanu, sa prijateljstvom je nekako oduvijek bio na VI. Mada, Ivana mu je bila i ljubav i prijatelj, i ona ruka koja izroni iz magle i vrati ga na pravi put kada nehotice skrene sa njega, ali onaj crv misli koji je lutao po Ibrahimu, tjerao ga na razmišljanje o pravom, istinskom prijateljstvu. U mladosti, školovanju i sarajevskim ašikovanjima, Ibro je uvijek bio nekako miran, tih i povučen. Ne bi se baš reklo da se držao po strani, ali bio je jedan od onih ljudi koji nije volio biti u centru pažnje. Kad je trebalo govoriti, govorio bi, kad bi trebalo šutjeti, šutio bi. I upoznavao je nove ljude, nove osobe, ali nikada nikome nije dopuštao da zasjedne na to prijesto rezervisano za prijatelja. Ponekad bi kudio samog sebe, zašto još uvijek nije sreo nekoga čovjeka sa kojim bi ponekad popio kahvu, sa kojim bi se iskreno nasmijao, kojem bi ispričao vic, kojem bi pomogao kada bi mu bilo potrebno, a i on njemu, i ne bi tražili ništa zauzvrat, ali....Ibro još nije pronašao takvoga. Sustanar njegove zgrade, stari Pejo, bio je najbliže tome, ali Pejo je gospodin u kasnim šezdesetim godinama života, bio je dobar prijatelj sa Ibrahimovim djedom Ismetom, pa je valjda i Ibrahim želio da naslijedi taj njihov odnos. Ibrahim je poštovao staroga Peju i bio mu je nešto najbliže prijatelju sa kojim je često igrao šah. Djed Ismet je bio gotovo sve što je Ibrahim imao, dok nije upoznao Ivanu, i onaj dan kad je preminuo, Ibrahim je čvrsto podnio. Znao je da se sve na svijetu dogadja sa razlogom, pa čak i smrt osobe koja ga je odgojila, školovala, vaspitala i izvela na pravi put, ima razlog, ali nije znao koji. Uostalom, o tome i nije želio da razmišlja, mrzio je bez razloga razmišljati o razlozima, kao što bi katkad mrzio razmišljati i o tome kako od stotine i stotine ljudi koje poznaje i koje svakodnevno pozdravlja, još nije pronašao onog pravog, istinskog prijatelja.

Ponekad bi Ibrahim odvezao svog golfa dvicu do Šabana, obližnjeg automehaničara koji je živio stotinjak prije Ibrine zgrade na Bistriku, kada bi auto počelo da odaje dojam da ga vrijeme izjeda i tu bi ponekad htionehtio morao da porazgovara sa majstorom Šabanom, a nikako nije volio Šabanov vulgarni način komuniciranja, koji je bio nekako ono baš šabanski. Znao je nakon kompletnog pregleda automobila prići Ibrahimu i reći;

-Ibrahime, gof ti puno dimi otpozadi, izgleda da su ti karike otišle u kurac!

A onda bi se razgovor, odveo u nekom drugom-trećem smjeru, ali nebitno koja bi tema bila, Šaban bi o njoj raspravljao sa vulgarnostima, koje se u bile prepoznatljive za njega, pa je Ibri, kad bi ga tek svi automehaničari odbili zbog gužve ili unaprijed planiranog godišnjega odmora, Šaban uvijek bio zadnja opcija za popravak automobila. Možda je Ibrahimovo ponašanje izgledalo nekako sa visoka i ne baš prijatno i lijepo, ali jednostavno takav je bio sa svima koji bi imali taj vulgarni način komuniciranja, ne samo prema Šabanu. Nekako kao da se plašio pustiti drugog čovjeka blizu sebe i trudio se da ga izbjegne, ali na fin i kulturan način. A prijateljstvo....nemoguće je tačno odrediti kada se ono rodi. Nije to ljubav, da osjetiš leptiriće u stomaku, klecanje koljena i lupanje u srcu, prijateljstvo je nešto drugo, nešto jednostavnije. Bespotrebnije. I nije Ibrahim Kozlić prepuno razmišljao o tome, o razlozima razloga. Ivani je to bilo smiješno. Kao da je Ibrahim živio u nekom sasvim drukčijem svijetu, gdje nije bilo psovke, ni dreke, ni galame. U braku su već neko vrijeme, pomislila je, a nikada na nju nije povisio glas. Kada nešto ne bi bilo po njegovom, Ibrahim bi joj samo uputio oštar pogled, i to je sve. Bio je muž iz snova. I izgledalo je, da čovjek poput njega, koji ne psuje, ne puši, ne pije alkohol, kao da je neki smrtno ozbiljni i uštogoljeni tip iz neke aristokratske porodice, koja drži do manira, ali ne....Ibro je bio veseo čovjek, više se šalio nego što bi bio ozbiljan, ali imao je tu manu, da je većina ljudi u njemu vidjela odbojnog čovjeka, a njega baš briga.

-Znaš, Ibrahime - nastavila je Ivana, sada malo ozbiljnije - ponekad stvarno odaješ dojam ozbiljnog i odbojnog čovjeka.

Ibrahim se nasmijao.

-Baš me briga.

-Znam da te briga i znam da nisi takav, ali šta ti uopće smeta Šaban?

-Pa rekao sam ti.

-To nije razlog da nekoga mrziš.

Ibrahim je prišao prozoru, sa kojeg bi se djelimično vidjela Šabanova automehaničarska radnja i nekako bi se čudno zagledao u nju, i nastavio.

-Ma ne mrzim ga. Štaviše poštujem ljude poput njega, koji pošteno žive i sopstvenim rukama se bore za bolje sutra, ne znam otkuda ti to da ga mrzim?

-Pa, rekoh ti, takav dojam odaješ, a tebe baš briga, i znaš, to ne valja.

Ibrahim bi joj uputio onaj strogi pogled, ali bi ubrzo popustio, jer znao je da je Ivana uvijek u pravu. Čak i onda kada nije. Pokušavao je da se druži sa kojekakvima, ali čemu to, ako u tome ne vidiš nikakav smisao, ako ti više odmaže, nego pomaže. Jer ionako su svi u to vrijeme pričali o politici, istoriji i kojekakvim nacionalnim stvarima. Pad Berlinskog zida, Kosovo, sjednice centralnog saveza komunista....sve je to glupost, ali u to vrijeme, svu tu glupost Ibrahim bi začuo gdje god bi se raji jezik razvezao nakon popijenih par čašica rakije. Ako je Ibrahim nešto mrzio više od vulgarnosti i običnog trabunjanja bez ikakvog smisla, onda je to alkohol. Smatrao je da su ljudi koji piju najobičnije kukakavice, ljudi koji ne mogu trijezni da podnesu stvarnost oko sebe, pa zato bježe u alkohol i tamo se skrivaju, drhte, bježe sami od sebe. Ibro ih nije volio. Čak štaviše,prezirao ih je, prezirao iz dna srca. U svima njima je vidio svoga oca pijanicu, bespomoćnu kukavicu, koja se prepala svoje krvi i mesa i pobjegla, ostavivši svoje sopstveno dijete u tudjim rukama. Oh, kako ih je samo mrzio, iz dna srca. Ako je postojalo nešto što mrzi više od tih alkoholičarskih kukavica, onda su to žene....Žene kukavice. Žene koje sopstveni komad sebe takodje ostave kod nekoga drugog i odu....Tek tako, kao da se ništa nije ni desilo one noći kada se satima naprezala i trpila nenormalne bolove da iz sebe izbaci tu štetočinu, koja je neplanirano počela da raste u njenom stomaku i poremetila sve njene dojučerašnje planove. Da postane princeza, preljepotica, da ima normalan brak, normalnu djecu....jer ovaj komad mesa od tri i po kile, što ga je uz suze, muku i vriskove ispljunula iz sebe, nije normalan. To je štetočina. Tu nema ljubavi. Ako bi Ibru išta izbacilo iz njegovog ustaljenog kolosijeka koji ga vodio do uspješnog poslovnog čovjeka i čovjeka sa sretnom obitelji oko sebe, onda su to te misli. Taj animozitet prema kukavicama, gnušanje od same pomisli da bi sa njima mogao ikada išta da ima.

…

Čak je i Ivanin otac, Marko, koji je nakon desetljeća službe u JNA, napokon otišao u zasluženu penziju i skrasio se u rodnom Šibeniku, u nekoj kućici blizu Jadranskog mora i sa svojom Sandrinom počeo da broji penzionerske dane, imao tu naviku da sve više i više priča o vremenu koje je zavladalo Jugoslavijom krajem osamdesetih godina,. Za razliku od Šabana, sopstvenog tasta Ibrahim nije mogao tek tako da izbjegne. Tast Marko mu uopće nije bio mrzak. Štaviše, Ibrahim mu je bio poput sina, kojega nikada nije imao, a Marko Ibrahimu poput oca, kojeg takodje nikada nije imao, tako da se nije mnogo žalio kada bi morao sa Ivanom i djecom, da putuje u daleki Šibenik. Radovao se tome, kao i cijela njegova porodica. Voljeli su da putuju, da vide tako obične, a njima tako neobične predjele, mora i doline.

Ibrahimu nije bilo prvi puta da dolazi kod Ivaninih roditelja. Već par puta su im on i Ivana dolazili u goste, u daleki Prizren, Sombor i jednom u Novi Sad, sve ovisno gdje bi JNA poslom poslala tada majora Marka Filipčića na čeličenje golobradih regruta, a Sandrina bi kao tiha i jednostavna balkanska domaćica, ćutke polazila za njim. I tako su obišli gotovo cijelu Jugoslaviju. Ali ovo je bilo prvi puta da Ibrahim dolazi svom tastu i punici, nakon što je ovaj okačio partizansku kapu o klin i napokon se skrasio u Žaboriću, njegovom rodnom mjestu nekoliko kilometara prije Šibenika. Penzionisani major Marko Filipčić je izvana bio tvrd i neugodan, tipično za čovjeka koji je većinu života proveo u JNA kasarnama, ali iznutra, kada bi se otvorio bio je to sasvim drugi čovjek. Veseo, druželjubiv, spreman da pomogne ako ti zatreba ili ne bi oklijevao kada bi na tvome licu primjetio da tvoje uši vape za nekom riječi utjehe. Ibrahimu je sa njim bilo veoma prijatno pričati i bilo je očigledno da je Ibrahim ustvari njegova mladja kopija. Izvana tvrd i odbojan, iznutra mehak i gostoljubljiv za bilo koga. Zato i nije za čuditi što je tek tako, jednog dana Ivana rekla ocu i majci da svoje buduće JNA putešestvije po Jugoslaviji, nastave bez nje. Ona je našla kopiju svoga oca i ostaje u Sarajevu. Valjda svaka djevojka, žena, u onom svom bračnom saputniku traži djelić onoga što je podsjeća na njenog oca, a Ivani nije trebalo dugo da u Ibrahimu prepozna one osobine koje je imao njen otac Marko. A Marko, penzioner kao penzioner, odjednom se probudio pored mora, sa ribarskim štapovima u ruci i pogledom na beskraj. Sva ona jutra u kojima bi se disciplinovano budio ujutro u pola pet, glancao svoje teške vojničke čizme i do najsitnijih detalja spremao krevet prije nego će grubim koracima banuti u spavaonicu premorenih regruta, probuditi ih i praviti od njih ljude, zamijenio je sada pogledom na Generala. Tako je barem zvao more. General. Ovaj put su Marko i General imali društvo u vidu mladog Ibrahima. Ibrahim uglavnom kao i većina bosanaca, u moru nije vidio ništa posebno. Hrpa vode koje se prostire pred njim, a niti se ikada i zapitao, otkuda toliko vode na jednom mjestu i na kraj pameti bi mu bilo da poput svoga tasta, ponekad pokuša da prozbori koju riječ sa ovom ogromnom slanom baruštinom. A Marko nije bio glup čovjek, shvatio je to odavno, pa je zato Generalu već par puta došapnuo da se pravi neprimjetan dok je tu sa Ibrahimom, kako ne bi ometao priču kakva zna da bude izmedju zeta i tasta. General je pametno šutio i onako prikriven iza guste krošnje obližnjeg drveta, naprezao uši ne bi li osluhnuo razgovor koji još nije ni započeo, izmedju tasta i zeta, izmedju tihog i staloženog mladog bosanca i izmedju tihog, staloženog i pomalo opijenog penzionisanog majora Jugoslovenske narodne armije. A o čemu bi njih dvojica razgovarali, osim o vojsci. Ibrahim je u vojsci bio prašinar, obični mitraljezac, ali kao i svega čega bi se prihvatio, tako je Ibrahim i u vojsci bio medju najuspješnijim regrutima i vojnicima, pa je većinu vojnog roka, proveo na zasluženim dopustima i odmorima. Da je htio da postane profesionalni vojnik, Ibrahim bi to i postao. Ne bi mu to predstavljalo nikakav problem. Čega bi se latio, brzo bi to naučio i savladao, a ako bi nastavio da se usavršava sa dotičnim zanimanjem, ubrzo bi postao expert u tome. Znao je to Ibro i pažljivo je birao ono za što će se zanimati.

Jednom je kao sedmogodišnji klinac zatekao djeda Ismeta kako se u dnevnoj sobi previja u strašnoj zubobolji i jednim potezom gradjevinskih kliješta, perfektno je izvadio djedov pokvareni i klimajući zub, ali tek poslije dva sata, kada je djed Ismet već pošizio od bolova i kad više nije mogao slušati molbu sedmogodišnjeg unuka da mu pomogne. Rekao je samo;

-Pomagaj mi sine, pa makar mi glavu iščup'o.

I tako. Kako svima nama djetinjstvo odredjuje šta ćemo biti za života, tako se i malom Ibrahimu taj dogadjaj ugravirao u sjećanje i znao je odmah, sve što je želio je, da postane zubar, koji će jednim malim potezom svoje desne ruke ljude rješavati od nepodnošljivih bolova, koje ne mogu da trpe.

Možda naivno, ali eto. Ibro bi vjerovatno da je htio, postao i uspješan advokat, trgovac, direktor neke uspješne firme, sportista, ali on je htio da bude ono prvo od čega se za života osjetio korisnim. Ono prvo, kad su ga primjetili da postoji, da je tu, da nije samo onih par kilograma mesa, na brzinu izbačenog iz utrobe neke kukavice, da nije samo neka polupožutjela fotografija koju ni uboga pijanica ne može da pogleda. Tog dana kada je djedu Ismetu izvadio zub, shvatio je da postoji, da je živ, da nije nevidljiv, da uistinu diše i.....

-Izgleda da će nevrijeme uskoro, Ibrahime - reče tast ne odvraćajući pogled sa mora.

-Misliš na stanje u Jugoslaviji? - upita ga Ibrahim jer na nebu ionako nigdje nije bilo oblačka, a znao je da tast voli pričati o politici.

Marko se osmjehnuo;

-Pametan si ti, mali. Uvijek zaboravim da je Ivana pametna žena i da se ne bi tek tako udala za nekog idiota.

-Hvala. - zahvali se Ibro na komplimentu.

-Ma ništa, nije ti ovo ni bio kompliment. I šta misliš, kako će se odvijati politika, sada, početkom devedesetih, kada je i onaj zid u Berlinu srušen, kad su i Rumunji svrgnuli onog svog Čaušeskua?

-E, to ne znam. Ne mogu vidjeti budućnost.

-Neće ovo na dobro, moj Ibrahime.

-Misliš?

-Mislim. Vidiš, JNA je velika vojska, to je gigant, ona bi trebala da bude garant naše sigurnosti, jak odgovor na neki napad izvana.

-Pa zar nije?

-Jeste. I nema šanse da nas neko napadne.

-Pa otkuda onda da će nevrijeme? - naivno je zapitao Ibrahim, iako je znao na čemu stoji i kakva je priča, a i čemu vodi.

-JNA je kao onaj Frankeštajn, ono gigantsko čudovište iz filmova, ako njime naivno upravljaš, vrlo lahko se može desiti da ti ono iščupa i ruke i noge i glavu, a kako stvari stoje, Jugoslovenskom narodnom armijom već godinama ne upravljaju kako treba. Tamo gdje prestaje logika, počinje JNA. Ako misliš da je najveći problem JNA dehidrirani krompir i žilava govedina, onda bi se grdno prevario, moj Ibrahime. Ali ti to već znaš, pametan si ti momak. Znaš, čuvaj mi moju Ivanu, obećavaš li?

Ibro se začudio njegovom molbom, kao da je stari Marko nešto slutio. Valjda im je to u obitelji, pomislio je Ibro, i Ivana ga već par puta nešto slično pitala, o budućnosti, o danima, o strahu, kojeg je valjda osjećala da dolazi. Valjda svi oni u obitelji imaju taj njuh, valjda je zato stari Marko otišao u penziju, iako je pred sobom imao još par lijepih godinica do punopravnog penzionisanja, ali eto, pravdao je to umorom. Sada kao da pokušava da predoči taj osjećaj koji ga mori. I njega, i Ivanu. A General je šutio sakriven iza drveta, i on je znao da je kasno bilo šta da kaže, da prekine to Markovo timarenje zlokobnog predosjećaja, a znao je da se njegovi predosjećaji, kakvi god da su, moraju uzeti za ozbiljno. Cijeli život je proveo u vojsci i ako neko poznaje JNA, onda je to Marko. Ali Ibrahim nije želio mnogo razmišljati o tome. Živio je najbolji dio svog života i želio je, sada kada je ovdje na moru, da se kao i svaki bosanac, opusti na par dana, pa krene ponovo nazad u užarenu gradsku svakodnevnicu. Posao stomatologa mu je odlično krenuo, Ivana je bila zaposlena u školi, Zlatan krenuo u prvi razred, a mali Amar iz dana u dan, sve više rastao. Ako postoji neki san o životu, nešto najsavršenije i najidealnije što postoji, onda je to bio ovaj život kojeg je živila obitelj Kozlić.

Sutradan u povratku iz Šibenika nazad u Srajevo, Ibrahim je napokon mogao odahnuti od priče o politici, o zloslutnim scenarijima i pričama o mogućem ratu i kako je najbolje na vrijeme spizditi odavde, pa je do daske pojačao Indexe i Dugme na radiju golfa dvice i prepustio se vožnji, po sunčanom primorju. Djeca su spavala na zadnjem sjedištu, kao i Ivana na suvozačem, pa je Ibrahim mogao uživati u muzici i posljednjem pogledu na Generala.

Medjutim, nakon što je bijeli golf u povratku prošao kroz Mostar i autoputem pošao kroz ogromni Neretvin kanjoj, golf je iznemoglo počeo da kašljuca i skrenuo na prvu čistinu pored puta. Ibrahim nije bio stručnjak za auta. Kada je nešto želio da zna, naučio je, a kada bi ga to odbijalo i nakon same pomisli, gnušao se toga i trudio se da to izbjegava, a automobili su upravo to. Mrzio je miris motornog ulja, miris benzina, svjećice, karbulatore, akumulatore....da je davno i prestao da razmišlja o tome. Sve što je znao u vezi automobila je da u auto treba gorivo, da bi se pokrenulo, ali svejedno je otvorio haubu i nekoliko minuta bespotrebno buljio u motor i ostale kablove. Čisto da pokaže Ivani i djeci da se razumije i da nešto pokušava da uradi, jer postajalo je nepodnošljivo vruće i djeca i Ivana su već počeli da se "kuhaju" u automobilu, ali za neko divno čudo, ovaj dan kao da je bio pustinja, svuda uokolo krš i kamenjar. Nigdje nikoga, pa čak ni nekog slučajnog prolaznika koji bi se svojim automobilom zaustavio i pomogao. Djeca i Ivana su već počela da negoduju, da su žedni, gladni i da ovu vrućinu sve teže podnose. Ibrahim je pokušavao pričom da im odagna te misli, barem dok neka pomoć ne pristigne. Znao bi im ponekad reći, kada bi Zlatan i Amar učinili nešto što Ibrahimu ne bi bilo po volji, nekada kad bi neku ozbiljnu stvar napravili neozbiljnom, znao bi smetnuti sa uma da su oni još uvijek djeca, kleknuti pored njih, obje svoje ruke spustiti njima na ramena, pogledati u oči i reći;

-Djeco, jednog dana ćete biti prepušteni sami sebi i morate naučiti da odgovarate za sopstvene postupke, jer jednog dana neće biti tate da to breme preuzme na sebe, da dodje kada usnite strašan san i otjera čudovište koje se skriva u vašem ormaru.

-A gdje ćeš biti, tata? - upitao bi jedan od njih dvojice.

Ibrahim bi podigao prst, pokazujući u nebo.

-Gore.

-A šta će raditi gore?

-Od gore ću vas bolje vidjeti i bolje paziti na vas.

-Je li gore Bog, tata? - upitao bi mali Amar.

-Nije, Bog je svuda oko nas - odgovori Ibrahim iako nikada nije bio neki vjernik, niti je ikada zašao u neku bogomolju. Ostalo mu je to valjda od djeda Ismeta, koji je bio žešći izdanak socijal-komunizma i u njegovom stanu osim velike Titove slike nikada nije stojalo nešto drugo. Tako je i Ibrahim doveden da kroči tim stazama na kojima se nikada nije susretao sa religijom ili vjerom. Bio je više čovjek koji je vjerovao nauci, ali svejedno, nikada nije smio priznati sam sebi da Bog ne postoji. Tako je i svojim sinovima pokušavao da postepeno usadi tu ideju da Bog uistinu postoji, da je tu negdje oko nas i da, ako im ikada zatreba, da ga mogu potražiti bilo kad. A klinci ga baš i nisu puno zapitkivali o Njemu, a i da jesu, ne bi se ljutio. Štaviše, bilo bi mu drago.

-Bog je u ovom automobilu, dole pored Neretve peca ribu, gore na vrhu one ogoljene stijene, tamo iza ovog tunela....svuda oko nas.

Po nekom nepisanom pravilu ili tek navici, Ibrahim je svojoj djeci ili možda sebi, usadio taj osjećaj da kad prolaze kanjonom Neretve, da su nekako bliže Bogu. A i Ibrahim je volio ovaj kanjon i Neretvu, možda više i od Sarajeva. Kao da je pola metra od Boga, gledaju jedan u drugoga i šute. Samo Neretva huči. Pjevuši. Činilo mu se da sa Neretvom može pričati sve ono što ne može ni s jednom osobom na svijetu. Onako kao što je njegov tast Marko pričao sa Generalom. Nije znao otkuda je taj osjećaj odjednom izbio iz njega, ali znao je da je tu i više nije ništa bilo bitno. Iz Neretvine hladnokrvnosti istovremeno je izbijalo nešto najtoplije i najhladnije što bi moglo da postoji na ovdašnjem dunjaluku, a niko ne bi pogodio šta je to.

Možda Bog?

I taman što je odlučio da krene potražiti pomoć u nekom od susjednih sela na drugoj strani Neretve, iza ledja mu se ukazao jedan od mještanina. Bio je to stariji muškarac, sa prastarim sakoom i ispucalim licem na sebi. Ponudio je pomoć, a Ibrahim je nije stigao ni zatražiti.

-Vama bi bilo najbolje da ostavite auto ovdje pored puta i budete moji gosti, tamo preko rijeke, bojim se da bi vam ovo sunce moglo naškoditi, pogotovo djeci. Moj sin Anto je automehaničar, ali trenutno nije kući. Ubrzo se vraća, pa ću ga kasnije poslati da pogleda šta se desilo sa vašim kolima, ništa se ne brinite, moj Anto može popraviti svaki mogući kvar. Hajdite, hajdite, dok ovo vraško hercegovačko sunce nije još jače počelo da peče.

Ivana i Ibrahim i nisu imali nekog izbora osim da poslušaju starca. Hladovinu u ovo vrijeme je bilo nemoguće pronaći u Hercegovini. Čak i ogromni kamenjar koji se uzdizao pored puta i golfa koji je dehidrirao, nije mogao da odbije sunce dalje od Ibrahima i njegove obitelji. Na drugoj strani Neretve, duž makadama i rijeke, prostiralo se nekoliko kamenih kuća, tipični za hercegovački kamenjar i jedna od kuća u njemu, koja je za Ivanu i djecu tog dana bila bila spas od nepodnošljive vrućine. Ibrahim se tog dana uvjerio u hercegovačko gostoprimstvo kada ih je stari Mladenko doveo u sopstveni dom, a Ruža, njegova supruga, cijeli dan se trudila da Ivani, Ibrahimu i djeci ništa ne zafali. Redom je pred njih iznosila svakojaku hranu, kolače, sokove, grožđe, smokve....Dan je prolazio iznenadjujuće brzo, kada je predveče crnomanjasti Anto javio da je golf popravljen i da mogu nastaviti sa putem. Ibrahim je nudio novac, kao znak zahvalnosti za sve što su Mladenko i njegov sin danas učinili za njega i njegovu obitelj, ali su se starac i njegov sin uvrijedili i nisu htjeli da čuju za bilo kakav novac. Još se stara Ruža pobrinula da Ivana i djeca imaju nešto uz sebe za daleki put do Sarajeva, koji je pred njima, i dala im nešto domaće hrane, nekoliko sokova od hercegovačkog grožđa, a Ibrahim je čak dobio i par litara vina.

I dok je u povratku ka Sarajevu pritiskao papučicu gasa golfa dvice, Ibrahim je donekle bio i dirnut gostoprimstvom i ljubaznošću mještana malog sela izmedju Mostara i Jablanice, ali se kudio što je zaboravio priupitati za ime tog sela, jer osjećao je da je ostao dužan tim dobrim mještanima, ali je svejedno odlučio da prvi puta kada bude ponovo išao ka tastu u Šibenik, da navrati u to mjesto i da im uruči neki poklon u znak zahvalnosti. Djeca i Ivana su spavala, premoreni od napornog puta nazad ka Sarajevu, dok je sa automobilskog radija pjevušila tiha muzika i odjekivala pokoja vijest o političkim nesuglasicama u Jugoslaviji i mogućem ratu. Ibrahim bi se samo osmjehnuo i odbacio pomisao da bi moglo da bi se ovdje moglo ratovati. Ko bi ratovao protiv ljudi kakvi su Mladenko, Anto i Ruža? Kome bi, na drugu stranu, oni uopće mogli da naude? Dok je takvih ljudi, svijet će uvijek imati nekog smisla.

Povijest se ne ponavlja, ali se često rimuje - Mark Twain.

...

-Ajde požuri, počinju!

-Eto me, eto me, ko prvi puca?

-Njihovi!

Ivana je brzo doletjela iz kuhinje i sjela pored nervoznog Ibrahima i još nervoznijih Zlatana i Amara, i svi skupa su gledali prema televizoru. Cijela njihova zgrada na šest spratova je ućutala kada je crnomanjasti argentinac Jose Serrizuela uzeo loptu, postavio je na bijelu tačku udaljenu jedanaest metara od gola i uputio je u lijevu stranu, a Tomislava Ivkovića u desnu. Ivana nikada nije volila fudbal, valjda kao i svako žensko, ali su je godine provedene sa Ibrahimom, inače velikim fanatikom kada je fudbal u pitanju i najvećim navijačem FK Sarajevo na Bistriku, natjerale da se postepeno zaljubi u najvažniju sporednu stvar na svijetu. Zlatan i Amar su naslijedili tu Ibrahimovu zaludjenost fudbalom i nije čudilo što su oni bili duplo nervozniji od Ibrahima, dok se iščekivala penal serija izmedju Jugoslavije i Argentine, u četvrtini finala Svjetskog prvenstva u fudbalu, u Italiji.

-Dragan Stojković puca iiiiiiiii.....

Gojkočea odlazi u lijevu stranu, a lopta u desnu, ali previše visoko. Bila je to prečka. Ibrahim je progutao knedlu. Nije dobro, pomislio je. Svi su očekivali da Piksi, nakon što je u osminifinala uvalio dva gola Špancima, rutinski savlada i Argentinca na golu, ali....Penali su lutrija, to se oduvijek znalo. Nije mogao da sjedi, ustao je i prošetao preko dnevne sobe, stao pored prozora i nije ni znao u šta gleda. Svaki put je ovakav kada je neka utakmica neizvjesna, a pogotovo kada se šutiraju penali, i to u četvrtini finala Svjetskog prvenstva. I to protiv Maradone.

Buručaga izvodi drugi penal. Šutira. Ivković pada, lopta rutinski odlazi u mrežu.

2:0 za Argentince.

Ibrahim je i dalje nestrpljivo stojao pored prozora i gledao u televizor. Prosinečki prilazi lopti, stavlja je na bijelu tačku i šalje je u jednu, a Gojkočeu u drugu stranu. Svima u sobi kao da je pao mali djelić kamena sa srca. Ne, samo u sobi, nego u cijeloj zgradi. I ne samo u zgradi, nego u cijelom Sarajevu, cijeloj Jugoslaviji. Ova utakmica je bila više od utakmice. Valjda Ivković neku odbrani. I nije se puno čekalo na njegovu odbranu. Tog dana je odbranio penal jednom najvećih tadašnjih fudbalera na svijetu, jednom jedinom, Armandi Dijegu Maradoni! Čovjeku kojeg u Napulju i Argentini smatraju božanstvom, čovjeku koji je prepotentnim Englezima prije četiri godine, prodao fintu zvanu "Božija ruka", upravo njemu Tomislav Ivković iz maksimirske šume, rutinski je skinuo penal i vratio nadu na Balkan! Zgrada se zatresla. Ivana i djeca su skakali od sreće, a Ibro je napokon smogao hrabrosti da priđe bliže televizoru i sjeo pored.

Savićević pogađa za 2:2 i vraća stvari na početak.

-Imamo ih, imamo iiiiiiih - nastao je delirij, vrijeme se proljepšalo, ptice zapjevale, tramvaji koji su do par sekundi ranije stojali ko skamenjeni, odjednom su krenuli dalje, voda sa Baščaršije potekla, golubovi poletjeli, a Ibro je i dalje uzvikivao, Imamo iiiiih, imamo iiiiih, pali se mašinerijaaaaaa.

Ako je ikada u svome životu tražio trenutke u kojima se nije pokazao kao idealan otac za svoju djecu, onda su to ovi trenuci, kada klub za koji on navija, pobijedi nekoga, a on nakon 90 minuta strepnje napokon odahne i krene da pravi raznorazne slavljeničke grimase, pred očima svoje djece. Ali svi su ionako znali, da je fudbal za Ibru nešto sasvim drugo, nešto u čemu on ne može da zadrži onu svoju hladnokrvnost i način razmišljanja po kojem je bio poznat. Fudbal je bio njegova slabost. Ne zna od koga je to naslijedio, ali nije mu puno bilo ni bitno. Uživao je u toj igri kao malo ko. Fudbalsku utakmicu, tih 90 minuta ganjanja lopte po zelenoj travi,

poistovjećivao je sa svačime, jer je fudbal za ljude koji ga vole, i bio sve. I za trenutak je to bila kao priča iz sna, priča u kojoj se sve sretno završi i glavni likovi dožive duboku starost. Priča u kojoj vrijedi živjeti. Troglio pogadja stativu! I sve je u našim rukama. Živi, živi duh Slavenski....Jugoslavija, Jugoslavija....Plavi, plavi....Brnović prilazi lopti, postavlja je na bijelu tačku, odmiče se par metara, hvata zalet, šutira i....Gojkočea je ovaj put na pravom mjestu. Odbrana. Jeziva tišina. U sobi. U zgradi. U državi. Ptice kao da su taj dan gledale fudbal, nijedna nije proletila, a sunce, kao da ga je neko obuhvatio lasom i cijelom svojom snagom povukao ka dole. Ibro se ćutke vratio ka prozoru. Ima još nade, pomislio je. Ima još nade.

Dezzotti uzima loptu i pogadja za 3:2

I to je sve čega se Ibro sjeća. Od tog trenutka njegov život kao da je prestao da postoji ili je došao do one granice kada se životi mijenjaju. Do danas si radio ono, od sutra ćeš raditi ovo, i ništa više neće biti kao prije. Ta promjena koje obični smrtnici i nisu svjesni da se desi u njihovom životu, bila je očigledna u Ibrinom. Znao je to Ibro, znao je onomad kada je Faruk Hadžibegić opalio dobru loptu u lijevu stranu i činila se neobranjiva, ali....ali....proklet bio Serđo Gojkočea, prokleta bila Firenca, proklet bio Artemio Franki!

Ivana je otvorila prozor, jer očigledno da je u sobi falilo svježeg vazduha, mada nikome i nije stalo do disanja.

Djeca su lakše podnosila poraz, ali su teže skrivala, dok je kod Ibre bilo sasvim obrnuto, on je teže podnosio nesretni poraz, ali lakše je glumio da ga to ne dotiče. I da bi bio onaj savršeni otac, koji pokušava svojoj djeci iz svake životne situacije, bila to pobjeda ili poraz, izvući pametnu pouku, kleknuo je pored njih i rekao;

-Znate djeco....

I zastao je. Kao da su se riječi zakovale u njemu i nisu htjele da izadju, a klinci su čekali. Dobro su znali da slijedi još jedan očev govor iz kojeg će izvući neku pametnu pouku jer već su se navikli da iz svake životne priče, Ibrahim izvuče i pošalje neku poruku, koja bi nekada u njihovom životu možda i zazvučala kako treba, ali još nijedna nije. Sve te pametne pouke koje je Ibrahim govorio djeci, kao da su bile obične riječi koje čuju od nekog neznanca, koji ih je zaustavio na ulici i pitao ih za put do Vijećnice. Ali Ibrahim to nije znao. Kao da je ustvari sve te pametne pouke slao sam sebi i ovaj put, poslije poraza od Argentine, nije znao šta da si kaže. Ućutao je. I klinci su vidjeli da otac po prvi put u životu ostao bez riječi.

-Hajde, šta se može, utakmica kao utakmica - reče Ivana kada je već primjetila da Ibrahim ne može da završi započeto i odvede klince u sobu i brzo se vrati do utučenog Ibrahima, koji je i dalje čučao u dnevnoj sobi. Priđe mu, zagrli ga i zabrinutim glasom upita;

-Šta ti je? Jesi li dobro?

-Ne znam.

Ibro kao da nije bio u ovoj sobi, kao da je negdje odlutao. Nijemo je zurio u tepih i čudio se sam sebi zašto šuti. Nije ga ni poraz u četvrtini finala baš toliko dirnuo, pa da ostane bez riječi, ali nešto kao da osjeća, nešto kao da nije kako treba. Nešto kao da je tog trenutka nakon završene utakmice na Artemio Frankiju, prelomilo. Nešto što će uskoro biti jasnije. Samo je zagrlio Ivanu i rekao;

-Sutra je novi dan, bit' će bolje.

Ali kao da od toga dana više ništa nije bilo isto. Sišao bi vani pred zgradu, pretrčao ulicu i otišao u pekaru kod Baljdedaja, ali ni tamo kao da ljudi nisu bili isti. Neka učmalost, neke ozbiljne face, prolazile su u tišini. Neki automobili, kao da su vozili prespporo i kada bi zatrubili upozoravajući pješaka, koji nesmotreno prelazi ulicu mimo pješačkog prelaza, to i nisu bile trube tipične za automobil. Kao da su poput psa u kasno večernje doba zavijale nekom jezivom melodijom koja je izlazila iz njih, a istovremeno crkvena zvona i glas mujezina sa obližnjih bogomolja, kao da nikada nisu bili jači. Kao da se takmiče koja će bogomolja svojom bukom više zaglušiti uši običnog naroda, da više neće ništa čuti osim zvona sa crkve i glasa mujezina, da će im biti uzalud pričati, opominjati, moliti.... Kao da su poslije neuspješnosavršenog Hadžibegićevog penala ljudi postali zombiji. Sporo se kreću, loše se smiju i ne pružaju ruke sa istim žarom u očima. Tako je na trenutke posmatrao i komšiju Peju dok je čekao da ovaj napravi potez u šahu. Ne, zbog toga što je mislio da je napokon pred šahovskom pobjedom protiv Peje, koji je inače na široko poznat kao velemajstor u šahovskoj igri i kojega je Ibro samo jednom pobjedio, mada sumnja da se Pejo tog dana sažalio nad njegovom upornošću, pa ga je pustio da pobjedi, tako da to i ne smatra svojom pobjedom. Nego, pogledao bi ga bolje, ne bi li ispod te guste i sijede kose pronašao trag promjene na Pejinom licu. Kada se svi mijenjaju, zašto ne bi i ovaj simpatični starac iz susjednog stana, ali ono što je možda i očekivao da će primjetiti na Pejinom licu, i nije baš. Nebojša, tip koji živi u stanu iznad njegovog i koji bi često sjedio pored Ibrahima i Peje i ćutljivo posmatrao njihovu igru na šahovskoj ploči, takodje nije davao neke velike znakove promjena, i njega je Ibrahim kao ono jednom, sasvim slučajno osmotrio ispod obrve. Baš kao ni Safet, Idriz, Nikola....svi njegovi susjedi koji bi u ova ljetna vremena, svake predvečerji izašli pred zgradu, prepričavali najnovije političke i sportske dogadjaje, objašnjavali kakve poruke šalju skečevi iz Top liste nadrealista, koliko duge noge ima Lepa Brena i polako tušili sarajevsko, svi oni nastavljaju onom svojom uobičajenom rutinom, a ne vide. Ne vide da su se poslije Hadžibegićevog penala promijenili. Žene bi ih uglavnom promatrale sa obližnjih balkona, kada bi uhvatile vremena od spremanja večere ili kupanja njihove dječice. Ni

Ivana nije bila izuzetak. Čak i Mirso, stari kurviš, koji nikada i nije pratio fudbal i koji je po sopstvenim riječima, potuco pola Sarajeva i koji se svima hvalisao da je jedne noći istovremeno spavao sa pet žena, nije odavao znake da se promijenio, a jeste. Vidljivo je to. Ibro zna. Pa, otkuda odjednom taj osjećaj u Ibri? Taj osjećaj da se nešto mijenja, da se dešava. Cijelog života je slušao sam sebe, i nikada nije zažalio zbog toga, a sada mu neko iz njegove sopstvene utrobe, šalje znakove da se svijet mijenja, a on to i ne primjećuje, ali zna. Eto, ljudi koji su sinoć zaspali isti kao jučer, na istom mjestu kao jučer, jutros su se probudili drugačiji. I dalje imaju deset prstiju na rukama i deset prstiju na nogama, ali nisu to njihovi prsti. Čak i kad pokucaš na vrata, onaj eho koji odluta po hodnicima zgrade, kao da jauče svaki put kad se odbije od zida, pa spadne na stepenice i jedna po jedna stepenica kao da ga ubija. Ne vjerujući sam sebi, da je u njega ušao neki demon koji ga tjera na to da sumnja da su se ljudi preko noći promijenili, Ibrahim bi podigao glavu od šahovske table i pogledao ka balkonu na kojemu je sjedila Ivana. Je li se ona promijenila? Nije. Ne, ne, nije. Ivana je ona ista Ivana, ali ljudi oko nas kao da više nisu ljudi. Ona zloslutnost koju je mrzio kod Ivane i njenog starog, kao da je upravo zagospodarila njime, ali nije to bila zloslutnost. Više nešto kao nemir, kao dogadjaj kojega je samo on svjestan, a niko oko njega ga ne primjećuje. Ili možda glume? Pa, da pobogu. Zar si toliko glup, Ibrahime, pa ti treba toliko vremena da shvatiš - rekao bi sam sebi - svi oni znaju za promjene, ali šute, glume. Glume ovako poput tebe, plaše se reći na glas da se mijenjamo, plaše se reći da ih ne proglasimo budalama, jer bolje šutjeti i glumiti pametnog čovjeka nego progovoriti i dokazati svima da se radi samo o jednoj budali. Iz sarajevskih zidova, iz svih onih uskih i mračnih uličica, u isti trenutak je izbijalo hljade različitih scenarija, hiljade pospanih zavjera, hiljadu iskrivljenih istorijskih rečenica, i prekinutih, i nedorečenih, i nezavršenih, koje nakon dugogodišnjeg sna, još uvijek nisu svjesne gdje se nalaze. Treba im vremena, ali probudit će se jednom, to je sigurno.

-Šah mat!

Rekao bi Pejo dosadnim tonom, već naviknut da pobjedjuje u šahu, iako se na njegovom licu vidjelo razočarenje što mu Ibrahim, ako ništa, barem nije pružio jači otpor, a ima dana kada se bolje opirao. A Ibrahim je odavno shvatio da nema svrhe opirati se, Pejo je tu drevnu igru imao u malom prstu i neke lekcije čovjek jednostavno ne može da nauči iz knjige, iz prakse, ako se s njom unaprijed ne rodi. I stvarno, čemu borba ako si unaprijed osudjen na poraz? Možda zbog toga što i iz poraza čovjek nešto nauči ili ga jednostavno privlači ta riječ, borba. Izgubio ili dobio, borit ćeš se, ali nećeš dopustiti da te unaprijed vide poraženog iako znaš da imaš male šanse, gotovo nikakve. To je valjda hrabrost. Ali šta je uistinu prava hrabrost? Suprostaviti se jačim ili učiniti neko herojsko djelo po čemu ćete pamtiti. Pomoći starici da predje preko ulice, nahraniti psa lutalicu, skloniti nekoga sa hladne ulice, pružiti nekome ruku kada mu je najpotrebnija...? I stvarno, hrabrosti kao da je sve manje i manje na svijetu, ali po tom nekom napisanom pravilu, svaki čovjek za života postane barem jednom junak! Čak i najveća kukavica u svom životu ima onaj trenutak, kada je učinio neko herojsko djelo, jer da bi bio junak unaprijed moraš nečega da se plašiš. A Ibro je čitav život mogao da i strah, i junaštvo drži pod kontrolom, u jednom džepu, i nije volio prepuno hvaliti se sa njima. Ali ubrzo, u Jugoslaviji, kao da su strah i hrabrost, postali svakodnevnica bilo kojeg čovjeka, pa i Ibre. Međutim, još kao da niko nije ni slutio šta se dešava ili šta će se dogoditi, a Ibro je još od Hadžibegićevog neiskorištenog penala dobio moć da osjeti, da predosjeti. Ali čudio se svima oko sebe kako i oni to isto ne osjećaju. Naprimjer njegova Ivana, koja je već par puta predosjećala strah, sada se ponašala kao da se ništa ne dogadja, kao da Slovenci ne počinju sa secesijom od Jugoslavije, kao da njih, Slovence, nikada niko nije ni smatrao članovima ove jugoslovenske obitelji, djelićem bratstva i jedinstva. Štaviše, Ivana je razmišljala da udomi kućnog ljubimca, što je Ibri bilo na kraju pameti, ali ona, eto, žensko kao žensko, sinovi joj već dovoljno odrasli, a u njoj je ostao taj ženski gen da nekoga pazi, da se brine o njemu, ali nije mogla da se odluči izmedju psa i mačke. Ibri je poslije svih slojeva negodovanja, na kraju krajeva, bilo svejedno, znao je da se on tu ništa i ne pita i da će Ivana kad nakani, udomiti šta joj volja.

Za sve je kriv Hadžibegićev penal, mrmljao je Ibro u sebi.

Mjeseci su prolazili, stanje u Jugoslavije se sve više i više mijenjalo, a ljudi sve više i više postojali gluhi i slijepi. Sarajevo tada kao da je bilo na vrhuncu moći i nekako kao da su se sve rijeke slivale u njega. Ibrin posao sa stomatološkom ordinacijom je išao i više nego dobro, za kratko vrijme je u Sarajevu stekao glas vrlo dobrog, a i jeftinog, stomatologa. Ali Ibrin odnos sa Sarajevom i nije baš bio toliko prisan, kao ni sa ljudima. Držao bi se podalje od svih, pa tako i od grada. Iako je svaki dan, kada se vraćao sa posla, volio da prošeta dva kilometra koliko je ordinacija udaljena od njegove zgrade i ama baš nikada, na posao nije išao autom. I ta svakodnevna ruta, ustvari je bio njegov odnos sa ovim gradom. Kao i svaki čovjek koji voli mjesto gdje se rodi, školuje i odraste, tako je i Ibro osjećao za Sarajevo, ali kao da nije bilo ludosti izmedju njih dvoje. Ili je to bila još jeda Ibrina varka, odbojnosti izvana, a topline iznutra, nije ni on znao. A Sarajevo, Sarajevo je bilo šeher. Centar svijeta. I Srba i Hrvata i muslimana, i jugoslovena. Grad koji te nikada nije pitao šta si i ko si, grad koji te prihvati ili ne prihvati, nema trećeg. Zato se valjda Ibro i nije trudio da ga Sarajevo uzme k sebi, jer bilo ga stid postaviti tako glupo pitanje uzimajući u obzir da je rodom Sarajlija. Ili se plašio odgovora, ako ga Sarajevo ne bi prihvatilo, ko bi? Njegova zgrada je bila puna ljudi. Ljudi koji se nikada nisu dijelili i za koje Ibro nije znao ni ko su, ni šta su, osim da Mirso voli da se kurva ili Pejo da igra šah, ili Nebojša, tip koji živi sprat iznad Ibrahima i koji je stidljivo bacio oko na njegovu Ivanu i stalno se vrzmao oko nje. Ivani i Ibrahimu je to bilo smiješno, jer Nebojša je zadnji tip koji bi učinio nešto neplanirano, koji bi vas iznenadio nekim postupkom. Bio je miran, tih i povučen, i sa Ibrom bi katkad u prolazu prozborio dvije-tri neobavezne; -Hej Ibro, jesi vidio onaj novi skeč od Nadrealista?

-Koji skeč, znaš da to ne pratim često?

-Ma onaj o podjeli Sarajeva na istočni i zapadni dio?

-Jesam, jesam.

-Hahahah jesi vidio luđaka kakve sve bolesti neće da izmisle, ha?

-Hahahaha da, da, isto kao da je Sarajevo, Berlin.

A Sarajevo je tada bilo velegrad za Berlin. Dok se Berlin dijelio zidom na istočni i zapadni Berlin, bacajući ljagu na civilizaciju dijeleći kamenim zidom iste ljude, Sarajevo je bilo grad bez podjela, bez razlika, grad ljubavi i otvorenosti prema svakome. Olimpijski grad. Grad koji bi napojio žednoga, nahranio gladnoga i Kirku Daglasu prodao veliku porciju ćevapa za 100 dolara. Sarajevo je imalo dušu, što bi se za malo koji grad reklo i bilo je nazmislivo u njemu sazidati taj neki zid koji bi dijelio Sarajevo od Sarajeva, ali samo da je Hadžibegić malo zadigao onu loptu i možda zehru jače opalio, Sarajevo bi ljepše izgledalo nego sada.

Onaj nemir koji je Ibro osjećao u sebi uskoro se počeo pokazivati opravdanim iako se Ibro danimna tješio da je to još daleko, da je i on insan, da osjećaj i njega zna da prevari, ali neki tupi osjećaj u želucu i malaksalost u nogama su bili očigledni. Puklo je i u Hrvatskoj, ubrzo je zijan došao i u šeher.

"Put kojim vodite Bosnu i Hercegovinu je ista ona autostrada pakla i stradanja kojem su pošle Slovenija i Hrvatska. Nemojte da mislite da nećete odvesti Bosnu i Hercegovinu u pakao, a muslimanski narod možda u nestanak, jer muslimanski narod ne može da se odbrani ako bude rat ovdje."

Ugasio je tv, ustao, prošetao do prozora i ćutljivo gledao u Sarajevo. Djeca su već spavala, a Ivana je stalno oblijetala oko telefona ne bi li napokon stupila u kontakt sa svojim roditeljima, koji su u medjuvremenu iz Hrvatske izbjegli u Njemačku, kod ko zna koje famelije. Stari Markan je davno predosjetio to. Na vrijeme se penzionisao i sredio sebi i ženi neki smještaj u Njemačkoj. Neki ratovi imaju više smisla bez mene, na rastanku je rekao Generalu, dan prije nego će odjezditi ka Dortmundu.

Kroz prozor je podigao pogled ka nebu iznad Sarajeva. Iako je već bio pao mrak, iako je bila noć, pa se nebo najjasnije nije ni vidjelo. Ibro je znao, kijamet će.

Bio je maj, 1992 godine, sunčan i lijep dan, kada je Ibro ćutljivo ušao u stan i sjeo u dnevnu sobu, pored njega se brzo našla i Ivana. Oboje su šutjeli. On je prvi progovorio;

-Idem danas da se prijavim.

Ivanu to nije iznenadilo, znala je da svaki Ibrin početak ima svoj pažljivo isplanirani kraj i svaki njegov kraj ima svoj pažljivo istančani početak. Ništa bez razloga ne počinje, pa tako i ovaj rat. Po Sarajevu je već pucalo, poziv stanovništvu da se prijavi u teritorijalnu odbranu, djeca u patikama brane državu, Ibro kao da je jedva i dočekao.

-Ne mogu da gledam kako se drugi bore, a ja da sjedim kod kuće. Iako....nemam pojma ni zbog čega pucaju jedni na druge, zbog čega se ubijaju, ali ne mogu tek tako da sjedim.

-Neće to dugo - rekla bi Ivana.

-Moguće. Moguće.

-Iz zgrade je već otišlo par njih.

-Ko je otišao?

-Danijel i njegovi.

-Kuda su otišli? - nastavljao je Ibrahim sa pitanjima.

-Otkud znam, znam samo da su pokupili najosnovnije stvari i u gluho doba noći sjeli u kombi i otišli, a i nisu jedini.

-Kako misliš, nisu jedini?

-Pa priča se da ljudi odlaze iz grada, sa porodicama, ne znam gdje, valjda na neko mirnije mjesto dok se ovo ne smiri.

-Gdje su djeca?

-Tu negdje.

-Trebalo bi ubuduće malo pažljivije paziti na njih, ne puštaj ih prepuno vani dok mene ne bude.

-Zašto te ne bi bilo?

-Pa vjerovatno se neću prijaviti u Teritorijalnu odbranu, da sjedim kod kuće. Vidiš da po Bosni gori, barikade po gradu niču kao gljive poslije kiše.

-Šta misliš Ibro, da i mi odemo odavde?

-U gluho doba noći, da se izvučemo kao bijedne kukavice i da u tišini odem sa djedovine? Nikada!
Nemam ništa osim ovoga ovdje. A i gdje da odemo?

-Pa možemo kod mojih, u Njemačku.

Ibro bi zaćutao, malo razmislio, pa nastavio;

-Bilo bi dobro da ti i djeca odete tamo, ja ne mogu.

Znala je da Ibro nije jedan od onih koji medju prvima odustane od nečega kada zagusti iako ga politika i rat nikada nisu zanimali, ali znala je da on ne može bez Sarajeva i bilo joj je na kraj pameti da ga u ova teška vremena i ona napusti, pa je rekla;

-Ako ti nećeš, nećemo ni mi, ne pada mi na pamet da te ostavim samog ovdje.

-Ali Ivana, to je na par dana, neće ovo dugo potrajati....

Ona ga zagrlila i nije mu dopustila da završi rečenicu.

-Ako ti ostaješ, ostajemo i mi.

Zagrlio ju je. Ako ga išta čuvalo od sumorne stvarnosti i nemilosrdnosti ljudi, onda je to njen zagrljaj. I njen miris. Ne postoji na svijetu ništa blaže i ništa toplije od Ivaninog zagrljaja. U njenom zagrljaju je zaštićen od pucnjeva koji su se prolamali gradom, u njenom zagraljaju je pronašao pancir neprobojan ijednim metkom svijeta. Njen zagrljaj je dobro utvrdjeni bunker kojeg ni najjači projekil svijeta ne može da uruši. Njen zagrljaj je bio stvarnost, a sve izvan te stvarnosti je bila opsjena, najjeftiniji trik, optička varka, fatomorgana izludjelih smrtnika.

-Znaš da te volim - rekao joj je.

-Znam - odgovorila bi.

-I znaš da ću te zauvijek voljeti.

-Znam, Ibro, istim onim žarom kao što i ja tebe volim.

Oduvijek joj se svidjala ta osobina kod Ibre. Nije bio jedan od onih muškobanjastih frajera koji nikada za života ne kaže nekomu da ga voli, koji misli da je ljubav koju osjeća u srcu, ustvari slabost i mana. Tog seljačkog mentaliteta se Ivana gnušala. A Ibro je bio sušta suprotnost. Ako bi te volio, rekao bi. Ako te nije volio, takodje bi ti rekao. Nije mogao da laže sam sebi. Iskrenost je bila njegova vrlina, samouvjerenost svakodnevnica, a ljubav izmedju njih dvoje, njihov zaštitni znak.

Sutradan je ranom zorom, Ibrahim otišao da se prijavi u teritorijalnu odbranu, ali baš tog dana u Sarajevu kao da je i zvanično počeo rat, iako se već mjesec unazad pucalo po gradu. Taj dan se odigrala bitka za Predsjedništvo i taj dan se Ibrahim nije vraćao kući. Hiljade crnih misli i još duplo više crnih scenarija je prolazilo kroz Ivaninu glavu svaki put kada bi začula neki pucanj i detonaciju u gradu, dok je u sobi bez struje, sa Zlatanom i Amarom u krilu, kroz prozor gledala vatru koja se tog dana sručila na jedan grad. I potrajalo je to čekanje, potrajalo je tri dana, tokom kojih nije čula ni glasa od Ibrahima, ni ikakve vijesti, niti ga je neko vidio, niti je neko nešto čuo za njega. Kao da ga je Sarajevo pojelo, a njeno zrno sumnje ju je svakodnevno mučilo. Šta ako jednog dana oostane bez Ibrahima, sama u ovome okrutnom svijetu, sa dvoje maloljetne djece? Da li je bila toliko jaka da bi to mogla podnijeti? Ne, ne...nikada nije zamišljala svijet bez Ibrahima, za nju sasvim neka druga novina, svijet kojeg ne zna i kojeg nada se, nikada neće ni upoznati. I onda četvrti dan, pred sumrak, kada je Ivana već dobrano pošašavila od brige, neko je pokucao na vrata i sa druge strane vrata se začuo njoj dobro poznati glas;

-Je li ovo stan porodice Kozlić?

Bio je to on! Ivana bi i gluha prepoznala njegov glas. Brzo je otvorila vrata, a sa druge strane vrata, nasmiješeno je stojao Ibrahim, sa nekom puškom u jednoj i sa nekim malim bijelim psićem, u drugoj ruci. I taj trenutak, kada onaj koga volite, nakon dana i dana straha i strepnje za njim, jedne noći nenajavljen bane pred vašim vratima, taj trenutak u vremenima bola je najdragocjeniji i ne možete ga nadomjestiti nijednim sretnim trenutkom u svom normalnom životu. Zlatan i Amar su se već bili probudili i onako sneni i u pidžamama nisu izlazili iz Ibrahimovog zagrljaja. Sarajevo bez struje, a njih četvero ponovo skupa, sretni sjede u mrklom mraku, na sred sobe i smiju se. Iako oko njih sve gori i iako dobro znaju da više neće ništa biti kao prije, ali sretni su u tom trenutku kada u očima onih koje vole, vide sebe. I napokon kad su poljupci i zagrljaji uzeli par minuta da se odmore, svi se okrenuše ka bijelom klupku koje je čučalo u uglu mračne sobe.

-A ovo, ko je ovo? - rekla je veselo Ivana, pažljivo prilazeći preplašenom malom bijelom psiću.

-To je onaj ljubimac kojeg si oduvijek željela - reče Ibrahim.

Klinci su veselo prišli i počeli da miluju psa, a Ivana sva sretna, uspravi se sa ogromnim osmjehom na licu i kao da pita Ibrahima, otkuda ti ovaj pas? Gdje si ga pronašao? Ibrahim je shvatio.

-Cijelo Sarajevo je puno napuštenih kućnih ljubimaca. -Ne razumijem....kako?

-Pa valjda su ih njihovi dojučerašnji vlasnici zaboravili, kada su u paničnom bijegu napuštali svoje stanove i kuće.

Ivani se skide osmijeh sa lica.

-Kakvo je stanje dole u gradu?

-Nikakvo. Vlada anarhija, bezakonje, pljačka, a najviše strah, ljudi ginu.

Ona se privi u njegov zagrljaj i reče tiho;

-Ovdje smo sigurni, zar ne?

Kao da joj je trebala Ibrahimova potvrda, jer očigledno je bilo da se plaši.

-Jeste, ovdje smo sigurni. - reče Ibrahim, grleći je.

-I ne može nam niko ništa, jel tako?

-Ne može.

-I brzo će sve ovo proći, i ponovo će sve biti kao prije nastavila je ona sa pitanjima dok su po mračnom Sarajevu odjekivale eksplozije i pucnjevi.

-Proći će. Ne brini. Spavaj. - reče on milujući je po kosi.

Sav strah i nesigurnost napustio je Ivanino tijelo i brzo je, rasterećena brige barem na par sati, zaspala u Ibrahimovom zagrljaju, sjedeći na podu mračne sobe, u jednoj mračnoj zgradi, jednog mračnog nesretnog grada.

Sutradan je osvanuo još ljepši dan, ali i dalje nikome ništa nije bilo jasno. Zauzeli su položaje iznad grada i odozgo su pucali....Po kome?

Ivana bi se objema rukama uhvatila za glavu, ne vjerujući da više ne može ni da pretrči preko ulice, do obližnje trgovine, koja je bila opljačkana i opustošena, do obližnje pekare, koja je bila pokradena, do kioska, po novine, po....a sve to do jučer je bez problema radila. Zašto stranci dopuštaju ovo? Odnekle, neko je donio vijest da je grad u okruženju, da se više ne može izaći iz njega, zadnji let sa aerodroma je davno odletio. Ostalo je samo Sarajevo, Ibrahim, Ivana, njihovo dvoje djece i bezbroj nepoznatih i preplašenih lica. Ostao je samo njihov stan, na petom spratu ostarjele zgrade i zapaljena Ibrahimova stomatološka ordinacija, koja je ostala sa one strane linije, na koju se ne može. I psić, kojeg je Ibrahim pokupio sa neke sarajevske ulice i koji je u ova teška vremena unosio svjetlost u njihov život. Djeca su ga nazvala Tile, što je Ibrahimu pomalo i bilo smiješno. Kada bi par godina ranije nekog psa nazvao Tile, vjerovatno bi imao problema od tadašnje milicije, ali sada....Šta je Tito postao? Šta njegovo ime znači u ovom razrušenom gradu, medju njegovim pionirima, koji su se kleli u njegovo ime i u njegovo bratstvo i jedinstvo? Šta je uopće razmišljao taj čovjek dok je uspaljeno zurio u poprsje Liz Tejlor i sa Ričardom Niksonom pušio kubanske cigarete, da će UDBA i njegova milicija umjesto naroda napraviti ovu državu. Da će njegovi pioniri, kad on umre i kada ga jednom ne bude, nastaviti da žive onako kako ih je on silio? O, kakav je zanesenjak bio Josip Broz Tito, razmišljao je Ibrahim dok bi čekao pogrešan korak neprijatelja na jednoj od sarajevskih linija razgraničenja. Pa, taj čovjek nije bio normalan. Kakva god da je prije par godina bila zabrana da se o Titu ružno priča, pa čak i misli, Ibrahim je danas ćutke davao sebi tu privilegiju da mu više niko ništa ne može, ako pomisli nešto o Titu, što nije uljepšano komunističkom propagandom. A volio je Tita. Poštovao ga je, ako ni zbog čega, barem zato što je ova barbarska plemena držao 40 godina u zajedničkoj državi, a da se niko nije smio pobuniti. Onaj ko svojom pojavom natjera hijenu da klekne pred njim, to mora da je dobar čovjek. Ali šta kada taj čovjek jednog dana umre? Mora nekada umrijeti, jedino ako sam sebe nije smatrao vječnim i besmrtnim. Hijena i čovjek nisu isto. Hijena je vječna, a čovjek privremen. Hijena uvijek nadraste čovjeka. Tito je to trebao da zna, da kad jednog dana ode, da će hijena koja je klečala pred njegovom pojavom, skupiti snage da ustane. I šta onda?

Kapetan je dao znak da se ubrzo ide u akciju i da se bude spremno i Ibrahim je morao što prije prekinuti sa razmišljanjem o tome šta bi bilo, kad bi bilo. Kao čovjek koji postane uspješan čega god da se lati, tako je i Ibrahim za par mjeseci stekao reputaciju sposobnog borca i brzo je prekomandovan u jedinicu kojoj daju one najodvažnije zadatke. A njemu to nije bilo teško. Štaviše, po nekom zakonu kolotečine, bio je upravo tamo gdje se i vidio prije par dana, a danas vidi da će sutra biti još bolji, još veći. Ali, stepenik po stepenik. Nije žurio.

Nije teško povjerovati da postoje ljudi koji se ponekad zapitaju, čega više ima na ovome svijetu, dobroga ili lošega, smijeha ili bola? I potpuno bi bilo ispravno vjerovati da niko od tih ljudi ne bi dao ispravan odgovor na to pitanje, jer takav odgovor i ne postoji.Drsko bi bilo i tvrditi da si u pravu kada kažeš da na ovome ogromnom svijetu više ima boli od smijeha, jer nije svijet ova slika u tvome oku, koja se sastoji tek od nekoliko boja, svijet je mnogo više šareniji. Niti možeš sa sigurnošću tvrditi da je smijeha više od plača, bez obzira što ti, hvala Bogu, odavno nisi imao neki razlog da plačeš, to ne mijenja činjenicu, da možda par metara od tebe neko guta suze i trpi bol, samo ti ne vidiš. O, kad bi ljudi znali da osjećaju tudje uzdahe i tudje korake, možda bi u ovome svijetu bilo više razumijevanja i ne bi trebali da se ovako gledamo preko nišana. Shvatili bi jedni druge na jedan jedini treptaj oka, i ne bi bilo potrebe da se plašimo jedni drugih. Ne bi bilo potrebe ovako nečujno prilaziti drugome, dok on u ledenom rovu drhti od zime i ne pomišlja da je tik iza njegovih ledja, njegov smrtni neprijatelj i čovjek koji bi, da su normalna vremena, možda sjedio pored njega u nekom od sarajevskih kafića i zajedno bi pili topli esspresso, ali nisu. Nisu normalna vremena. Ovaj zvuk zime, kroz pusti polurazrušeni grad, već je dobro opjevana arija i svaka njegova strofa dobro je poznata uhu koje se naviklo na njega. Jer taj zvuk, ta melodija, ona postoji sama, dok smrznutom neprijatelju tiho prilaziš sa ledja, vadiš kamu i jednim preciznim rezom ogriješ ruke na njegov posljednji dah kojeg bi ispustio iz sebe. Isprva, činilo ti se da nisi stvoren za ovaj svijet, ali poslije kada bi se zapitao, čega na ovome svijetu ima više, boli ili smijeha, i ono truplo prerezanog vrata koje pored tvojih nogu daje zadnje svoje trzaje, kao da ima svrhu. Kao da nije ubijeno tek tako. Ustvari, ono je broj.

Ko zna koji i ko zna koliko će ih još biti, ali nije tvoje da brineš o tome. Probudili su ono životinjsko u tebi, što svaki čovjek ima i zašto bi ti bio kriv? To ti je posao, a Ibrahim bi svakog posla kojeg bi se latio, bio perfektan u njemu, pa čak i u rezanju tudjeg vrata, radio je to brzo, savršeno krvnički, da žrtva puno ne pati. Da u času smrti ne stigne da preko usana posljednji puta uzadhne nečije ime. Možda od svog voljenog sina, možda supruge kojoj se želio što prije vratiti sa ovog ledenog ratišta ili od svoje majke, oca...Ibrahim bi to uradio brzo, da ga ne boli ono što bi čuo u žrtvom posljednjem uzdahu, jer prvi puta kada je ubio čovjeka, zaželio je samo jedno, da u takvim trenucima bude gluh!

O, kad bi ljudi znali da osjećaju tudje uzdahe i tudje korake, onako kao što je Ivana osjećala Ibrahimove ili kao što je Ibrahim osjećao njene. Nije bilo potrebe da jedni drugom pričaju, sve se čitalo u uzdahu i koraku. Ibrahim je znao svaki njen korak, da više nije ista kao ranije. Vidjelo se to. A ona je šutjela, i sama je znala da Ibrahim zna da je boli ovo vrijeme, ovaj razrušeni grad i zavijanje hijena iz ruševina izniklih svuda po gradu. Ali je još uvijek, negdje u dnu njenog oka vidio njenu želju kako se zadnjim naporima snage otima da se ponovo vrati u normalnost. Da učenike u školskim klupama uči najosnovnije životne stvari, da se smije gledajući Neretvu kako izigrava cirkuskog klovna, da sopstvene sinove barem još jednom bezbrižno uspava, bez brige da će granata možda te noći pasti na njihovu glavu. Žudila je za crvenim kaminom, visokim potpeticama i mirisom za kojim je Ibrahim i pola Sarajeva ludilo. Žudila je za šoljicom tople kahve i snom, iz kojeg bi se sljedećeg jutra probudila ženstvenija. Možda iza svih briga koje su se u to vrijeme sručile na nju, Ivana je voljela da se osjeti kao žensko, ali odavno nije mogla. Dan bi joj osvanuo u guranju u redovima za hljeb, u brizi da li će tog dana Zlatan i Amar imati nešto da pojedu, da snajper neće udariti tamo gdje ne bi trebao, da će sa sjekirom u rukama uspjeti pronaći neko stablo u razrušenom Sarajevu i da će ga svojim nježnim učiteljskim ručicama, uspjeti oboriti, prije nego što neko začuje udarce njene sjekire i oduzme joj ono što je ona pronašla. A ona, ne bi mogla da se odbrani. I nekako, u cijeloj toj borbi za život, najmanje je imala vremena da misli na Ibrahima. Nekako, kao da se ljutila na njega što ju je u ovim okrutnim vremenima ostavio samu, da se brine kako preživiti. A Ibrahim bi dolazio kući, tek na dva-tri dana, da malo odmori i ponovo nestane na dvadeset dana. Ibrahimov uzdah je za nju oduvijek bio uzdah junaka iako mu nije puno postavljala pitanja. Rekla bi samo; pazi se, čuvaj se i vrati se živ. A na neku promjenu na njemu i nije puno obraćala pažnju. U vrijeme kada se svi mijenjaju bilo bi čudo da se on ne mijenja. Samo bi ga uzela za ruke, ne razmišljajući o tome jesu li te ruke maloprije ubile nekoga ili prerezale nečiji vrat, za Ivanu su to bile još uvijek one čiste i nevine ruke kakve je upoznala onda kada su se njihovi putevi sudarili na uglu Titove. A Ibrahim, začudjen time kako lako podnosi ubistva ljudi sa one druge strane, kao da mu je i bilo dosadno kod kuće, kao da su mu nedostajali posljednji trzaji neprijatelja, koji prerezanog vrata leži pored njegovih nogu i zadnjim dahom doziva svoje najmilije. Izašao bi pred zgradu, ali kao da je osjećao da ga svi posmatraju, da je za sve njih postao nekako drukčiji. Čak ni stari Pejo ga više nije zvao na partiju šaha, samo bi ga ćutke pogledao kada bi Ibrahim prolazio pored njega. Nebojša, iz stana iznad njegovog, više ga ni u prolazu nije zapitkivao ni o čemu, kao da nije postojala nijedna tema izmedju njih dvoje o kojoj bi mogli prozboriti par riječi. Ili se Ibrahimu činilo da ga se plaše ili da je postao još hladnokrvni nego ranije kada je odavao dojam hladnog čovjeka. A čulo se po Sarajevu za hrabroga Ibru u diverzantima, koji zalazi na tudju stranu, medju tudju vojsku, siječe uši onih koje ubije i niže ih na nisku, koja mu služi kao lančić. Lančić od ljudskih ušiju. Ljudi u nekim pričama pretjeraju, a u nekim omanu, pa nisu ni svjesni koliko stvarnost umije da bude okrutna. Ne postoji ljudski um koji bi mogao opisati strašne slike, rasparčana tijela, otvorene utrobe, otkinute udove i obezglavljena tijela. Čulo se za Ibru kao za vojnika za kojeg nije postojao zadatak kojeg ne bi mogao da uradi, pa su mu zato nadredjeni davali one zadatke koje niko i nije smio da prihvati. Zato su ga valjda stanari zgrade i izbjegavali u ono malo vremena koje bi Ibro provodio kod kuće. Ali kakvim god da su ga smatrali, Ibro je i dalje bio onaj stari. Barem je on tako smatrao. I dalje je Hadžibegićev penal mogao sve ovo da promijeni, samo da se onaj Gojkočea bacio u drugu stranu od one strane prema kojoj je išla lopta. I onda bi sve bolje bilo. Ušli bi u polufinale, a u polufinalu je sve moguće.

Zlatan mu je prišao. Ibro je u njegovim pokretima vidio tragove čovjeka u nastajanju. Njene oči i njegov tihi osmijeh. Sjeo je pored Ibrahima, ali ne kao ranije. Ovaj put se pažljivije posjeo pored oca. Možda zbog toga što je i sam čuo za priče o Ibrahimu sa ratišta ili pak, kao da se iz bliza želio uvjeriti da li je to još uvijek onaj njegov otac, koji bi sav srećan pravio kojekakve grimase na licu kada bi tim, za koji navija, postigao gol. Možda se i na trenutke plašio sopstvenog oca ili bi taj strah pripisao svojim godinama, koje mu iz dana u dan sve više otvaraju oči. Loše vrijeme da se postane čovjek, pomislio je Ibrahim gledajući u svog Zlatana, a Zlatan kao da to postaje i prije nego što bi trebao. Pomiliovao ga je po glavi i i privukao sebi;

-Imaš li kakvih problema?

-Nemam, tata.

-Dira li te ko?

-Ne dira.

-Sine, nikad nemoj dozvoliti da strah upravlja tobom. Iz straha se ne rađa ništa dobro. Strah te okuje i ostavi na jednom mjestu, na kojem truneš i nestaješ. Najbolji lijek za strah je korak. Obični ljudski korak. Zato, kada se jednom zatekneš da se plašiš, samo zakorači. Nastavi dalje.

Zlatan je već bio navikao na Ibrahimova pametovanja, koja slabo kad da su imala uporište u stvarnosti, i njegovu želju da nekom svojom riječju svome sinu osvijetli put po kojem će mu biti lakše kročiti. I naslušao se takvih mudrolija i za jednog osamdesetogodišnjaka, a ne za dijete od dvanaest godina, koliko mu je sada, ali u ovoj Ibrahimovoj mudroliji o strahu, pronašao je sam sebe. Zlatan se svakog dana plašio. Plašio se za majkom, za dvije godine mladjim bratom Amarom, plašio se da se njegov otac, kojemu se toliko divio, jednog dana ne vrati sa "linije", plašio se svakog novog dana, snajpera, granate, saniteta koji bi uz zastrašujuću buku proletio pored njegove zgrade, plašio se svega što spoznaje u svojim ranim godinama, a trebao bi da takve stvari za života nikada i ne spozna. I Ibrahimov savjet, da zakorači kada se jednog dana nađe licem u lice sa strahom, legao mu je ko budali šamar. Obično mu u takvim situacijama klecaju koljena od straha i noge mu se otkažu i nikada nije pomišljao da tada zakorači dalje. Najradije bi se Zlatan tada vratio nazad, pobjegao, negdje sakrio, ali sada....znao je šta treba. Ibrahim ga je puštao da živi davajući mu do znanja da mu vjeruje i ta očeva vjera u njega, kao da mu je davala snagu za taj sljedeći korak. Ibrahim je nastavio sa pričom i dalje milujući Zlatana po glavi;

-Ne brini, brzo će sve ovo proći, pa ponovo idemo u onaj kanjon Neretve, da se parkiramo pored one brane, sjednemo za betonski stol pored rijeke i tu da pričamo sa Bogom. Čekat će nas. Ako na svijetu itko postoji ko bi nas čekao, onda je to Bog. Ne brini.

Možda je po zanimanju Ivana bila učiteljica, ali za svoje sinove, Ibrahim je bio učitelj.

...

Predveče bi Ibrahim, kao i uobičajeno, izašao u dvorište pred zgradom, ali u njemu se pred svaki sumrak nalazilo sve manje i manje ljudi. Nikada se uopće nije ni pitao gdje ljudi nestaju. Neki su pobjegli, neki prešli na onu tamo stranu, nekima je projektil ispaljen sa brda izbacio utrobu iz tijela dok je čekao u redu za hljeb. Ljudi su spašavali sopstvene živote kako su znali i u takvom vremenu, najlakše je spoznati ko je čovjek, a ko ološ. Ko bi pomogao, a ko ne bi. Naišao je na Peju, koji je sam sjedio na onom njegovom mjestu sa kojeg bi mnogim Sarajlijama pokazivao svoje velemajstorske šahovske poteze. Ovaj put, šah ispred njega je bio zatvoren u kutijici, a stari Pejo je ćutke pušio neku krdžu od duhana sa izgubljenim pogledom ka gradu koji nestaje. Ibrahim mu je prišao i sjeo pored njega. Pejo je malo ustuknuo, iznenadjen Ibrahimovom pojavom. Kao da se uplašio, a Ibrahimu je već počelo smetati to da ga se ljudi plaše, a ni sam ne zna zbog čega, ali nije očekivao da će primjetiti komadić straha i u čovjeku u kojem je vidio svog rahmetli djeda Ismeta. .

-Jesi li spreman za novu turu - reče nasmiješeno Ibrahim, pružajući mu ruku u želji da se pozdravi sa njim.

-Naravno, naravno....sjedi - odpozdravi se stari Pejo. Ibrahim je primjetio da su njegove šake pune žuljeva, i to ne onih malih sitnih žuljeva, nego velikih poput oraha, koji samo što nisu iskočili iz kože. Začudio se. Šta tako star čovjek poput Peje može da radi da bi zaradio ovolike žuljeve na šakama? Pogledao ga je malo bolje, na licu mu se ukazivala premorenost. I strah. Strah i premorenost. Ali od koga? Kakvo glupo pitanje, pomisli Ibro. Granate svakodnevno prelijeću preko njihovih glava, a on se pita čega bi stari Pejo mogao da se plaši?! Koja glupost! Ako je on, Ibrahim, već uspio da se navikne strah, svakodnevo riskirajući sopstveni život po Sarajevu, ne mora značiti da su i ostali na to navikli. Ili se možda Pejo plaši njega! Na to nije računao, ali ubrzo je tu misao odbacio od sebe, jer nema smisla. Zašto bi se Pejo plašio njega? Možda zato što je druge nacije, religije, vjere ili šta već. Možda zato što nije musliman. Ibrahim je tu opciju odbacio još lakše nego onu prvu.
Zapravo, uopće i nije znao šta je Pejo po nacionalnosti, Hrvat ili Srbin. Nikada i nisu pričali o tome. Glupost, glupost. Smislenije bi bilo da se Pejo više plaši ovih projektila koji padaju po gradu, nego njega, Ibrahima. Nema druge.

-Nisam te očekivao - reče tiho Pejo, dok su redali šahovske figurice na ploču.

Pejo je uvijek uzimao crne, a Ibrahimu davao bijele, valjda zato što mu nije bio problem da se prilagodi bilo kakvom Ibrahimovom potezu. Tako je bilo i ovaj put.

-Nisam ni ja sam sebe, ali eto me - odgovori Ibrahim, pa nastavi.

-Zašto su ti ruke tako pune žuljeva?

Pejo ga iznenadjeno pogleda.

-Zar ne znaš?

-Šta bi trebao da znam?

-Pa dolaze, kupe ljude po ulicama i haustorima i voze ih gore, na liniju, da kopaju rovove za vojsku. Neki idu dobrovoljno, a neke bogami prisile.

-Ko dolazi?

-Pa, vojska.

-Naša vojska?

-Pa čija će drugo?

Ibro zanijemi, par minuta nije mogao da dodje sebi od spoznaje da neko dodje po ovog sijedog starca da ga vodi da kopa rovove. Zašto on nije znao za to, kada je već cijenjen u čitavom korpusu? Figure su stojale poredane na šahovskoj ploči, čekao se prvi potez bijelog, ali bijelom nije bilo do igre.

-I kažeš, dodju po tebe i odvezu te gore da im kopaš rov?

-Da, ali pusti to, na potezu si...

-Zašto mi to nisi rekao?

-Mislio sam da znaš.

-E sad me vrijedjaš, misliš da sam znao, da bi to dopustio?

Pejo zašuti, samo je ćutke zurio u šahovsku ploču i reče tiho mada je bilo vidljivo da nešto želi da prešuti:

-Ma, pusti, ionako sam se dobrovoljno prijavio.

-I ko uopće dođe po vas da vas vodi na kopanje rovova?

-Ma pusti Ibro, bolan, ajde miči te figure.

-Neću da pustim, reci mi njihova imena.

-Otkud znam kako se zovu. Znam ih par iz ulice pored, onako iz viđenja, uglavnom momci koje je oduvijek bilo bolje izbjegavati, a sad su valjda ta neka vojska, ali pusti, kao što rekoh, nije meni teško kopati.

-Ali, zašto tebe?

-Pa valjda se ne zovem kako treba. - reče više u šali, nego u zbilji, što se Ibrahimu nije dopalo.

Preblijedio je, polako se u njemu budila ona hladnokrvna zvijer koja bez po muke, od uha do uha siječe tuđe vratove, kako bi vojska koja dolazi njegovim tragovima, u tišini mogla da iznenadi neprijatelja na spavanju, ali sada....Mrzio je nepravdu, mrzio je dijeliti ljude po imenima, mrzio je loše postupanje prema starijim osobama, a Pejo je bio upravo to. Čovjek koji nikome ne bi mogao da naudi i da je htio.

-To je glupost, to je glupost! - Ibrahim poče iznervirano da galami. Armija je za kratko vrijeme postala njegov drugi dom i bilo mu je nezamislivo da neki pripadnik te armije vodi civile na prisilan rad, na planine iznad Sarajeva.

-Pa i Nebojšu su odveli prije nekoliko dana, a još ga nisu vratili, tako da i nije baš glupost, sinko. - reče Pejo odvažno.

Ibrahim se uspio nekako smiriti i ponovo sjede pored Peje. Reče već tišim glasom.

-Ne brini, sve ću to sutra provjeriti u komandi, više nećeš ići gore, da znaš.

-Nije meni teško, sinko, ali vidi nešto za Nebojšu, molim te.

-Naravno, i za njega.

-I pomakni tu figuru već jednom, mrak će.

Te večeri, Ibrahim je po drugi put pobijedio Peju u partiji šaha. Da li zbog toga što ga se stari Pejo plašio ili što nije mogao misliti od ogromnih žuljeva na rukama, nebitno. Ibrahim tu zbrljano odigranu partiju šaha nikada i nije smatrao svojom pobjedom, jer te predvečeri, o pobjedi nije ni razmišljao. Za njega će stari Pejo zauvijek ostati neporažen.

Sutradan se Ibrahim spustio sa svog Bistrika i otišao pravac u komandu. Noć prije nije ni spavao od pomisli na staroga Peju, kako sjedi na klupi ispred zgrade i u drhtavoj ruci, punoj žuljeva, drži umotani cigar. A u licu suze, brige i neki brilijatni šahovski potez kojeg je planirao u svojoj mudroj glavi. Banuo je u komandu, onako kako mu i dolikuje, kao hrabar i iskusan borac, koji je obišao sva užarena sarajevska ratišta i koji se više ničega ne boji, pa zašto bi se bojao i svog nadređenog Rifata. Rile je bio raja kada je trebalo, a đubre kad mu se prohtije i niko mu nije mogao ništa. Niko i nije znao kako je uhoda i bitanga poput njega postala nadredjeni hrabrim borcima poput Ibrahima. Ustvari, svi su znali, dovoljno je da imaš veze, koje će te skloniti daleko iza užarenih bojišnica, gdje možeš uživati u skupocjenom viskiju, pušiti najkvalitetnije cigarete i uživati. Dok šalješ ljude u smrt. Rifat je nabacio osmijeh od uha do uha, kada je Ibrahim bez kucanja ušao u njegovu kancelariju.

-Oooooo Ibraga, kakva velika čast - pa se onda okrenuo ka trojici "guzonja" u vojničkim uniformama, koji su sjedili za stolom u njegovoj kancelariji i pijuckali viski.

Malo podalje, na stolici prislonjenom na zid, sjedila je zgodna plavuša, sa sunčanim cvikerima na očima, takodje u vojnom maskirnom odijelu, ali Ibrahim na sve njih i nije baš obraćao pažnju.

-Vidite ljudi, ovo je onaj heroj Ibrahim o kojem sam vam pričao, tip kojeg prije početka akcije pošalju da izvidi teren, a on se za nekih sat vremena vrati krvavog noža i ogrlicom od ljudskih ušiju. Sam samcat očisti cijeli četnički rov hahahaha

Neke priče narod prenapuše i Ibrahim tu ništa nije mogao iako mu je to smetalo. Da je ubijao neprijatelja, gdje je bilo, on ili ja, ubijao je, ali da im je sjekao uši i od njih pravio ogrlicu, bila je bezočna laž.

-Kojim dobrom, moj Ibraga? - upita ga Rifat sjedajući nazad na stolicu.

-Trebamo nešto razgovarati.

-Reci, jebi ga, svi su ovdje naši.

Ibrahim osmotri ljude u prostoriji, pa nastavi;

-Jesi li čuo da gradom kruži neka vojska, koja kupi narod po kućama i šalje ih na liniju, da kopaju rovove? upita Ibro sasvim otvoreno.

Rifatu se skide osmijeh sa lica i nastavi ozbiljnim tonom.

-Pa neko mora da kopa.

-Ali taj neko je moj prijatelj, komšija, čovjek od šezdesetpet godina!

-Jel naš, taj tvoj komšija?

-Kako misliš, jel naš?

Ovaj se osmjehnu.

-Jel musliman?

-Zar je to bitno?

-Jeste.

-E, pa meni nije.

Rifatu je bilo očigledno da ga se Ibrahim ne plaši i da otvoreno traži kavgu, a njemu baš i nije u korist išlo da se zakači sa čovjekom kojeg cijelo Sarajevo smatra herojom. Jednim pokretom ruke dade znak ostalima da izadju. Plavuša je nastavila da sjedi na istom mjestu i nije skidala pogled sa Ibrahima. Kada su "guzonje" izašle, Rifat se ljutito okrenuo ka Ibrahimu;

-Šta radiš, jebemu? Znaš li ko su bili ovi tipovi, a ti jednostavno baneš u moju kancelariju i postavljaš tu neka glupa pitanja?

-Ne znam i briga me - odgovori Ibrahim još ljuće.

-Kako se zove taj tvoj komšija?

-Dvojica su.

-U redu, kako se zovu?

-Pejo i Nebojša.

-Pejo?

-Da.

-I Nebojša?

-Da.

-Jel' ti to mene jebeš Ibrahime?

-Ne jebem.

-Dobro - reče Rifat i dade znak plavuši za stolom. Ova uze olovku i na papir nešto zapisa. Vjerovatno Pejino i Nebojšino ime.

-Slušaj me sad - nastavi Rifat - vojska mora nekoga da nadje, da joj pomogne u kopanju rovova, a koga ćeš drugo pronaći osim ovih ljenčuga koje se izležavaju po stanovima i kafićima, dok ljudi poput tebe i mene, riskiraju živote. Ali ti, što ih kupe, nisu iz naše brigade, tako da ti ja ne mogu ništa obećati, ali raspitaću se.

-Pa, ko ih kupi?

-Karagini.

-Karagini? Ko je Karaga?

-Ma raja, ba, ali bolje da se ne kačiš sa njime. Pusti to, ba, neće im ništa uraditi, malo ih odvede u prirodu, na čist zrak i vrati ih kući. I svi zadovoljni, jebi ga. Nego, vidi deder ovako, idi ti kući, a ja ću se raspitati za tu tvoju dvojicu, pa ti javim. Za par dana nas šalju na deblokadu Mostara, pa se odmaraj, čeka nas pakao. I ustaše su udarile na nas, moj Ibrahime, a ti tu dižeš graju zbog dva vlaha, koji idu na rekreaciju i čist planinski zrak.

Ibrahim ga ošide pogledom, onako kako on zna, smetalo mu je kad neko njegove prijatelje zove imenima koje on ne voli da čuje. Rifat je primjetio da je pretjerao, pa nastavi.

-Ajde sjedi, popij jednu čašu viskija, pravi original iz Irske, neki dan došao preko tunela, a ja ti obećavam da ću se raspitati za tu tvoju dvojicu, pa šta Bog da.

-Ne pijem - odgovori Ibrahim.

-Cigaretu?

-Ne pušim.

-Jebi ga Ibrahime, nemam više čime da te ponudim. Bil' povalio Minku? - reče Reuf, pokazujući glavom na plavušu, koja je i dalje sjedila za stolom i nije skidala pogled sa Ibrahima.

-Čuj Rile, ja sada idem kući, a ti vidi da što prije središ to sa tim Karagom, da više ne dolaze u moju zgradu i kupe moje komšije, inače....

-Dobro, dobro....ajde, ajde, idi kući, javim ti. Vidjećeš da će sve biti u redu.

U povratku Ibrahim je razmišljao o Rifatovom obećanju, ali znao je da je Rifat čovjek u kojeg ne treba puno imati povjerenja. U koju bi stranu vjetar duhnuo, u tu stranu bi Rifat i odlepršao. Čovjek koji sopstvene izgovorene riječi shvata olako tako i treba da se shvati. Medjutim, ono čemu se Ibrahim čudio su podjele koje su se izrodile u ljudima, a on toga kao da nije bio svjestan. Uostalom, čekajući u cik zore znak za akciju, još nikada se nije zapitao, šta on uopšte radi u toj nedođiji. Protiv koga ratuje? Koga se trudi da ubije? Ko se trudi da ubije njega? Zbog čega? Tih podjela kao da ranije nije bio svjestan. Trudio se da sačuva sopstveni život u ratu dobrih protiv loših, i to je sve što je znao. Odjednom, oko njega istina. Za ljude poput Rifata ni život sopstvene majke malo da znači, a kamoli životi dva vlaha, kako ih on zove i malo je naivno očekivati da će on učini nešto da ih spasi, razmišljao je Ibrahim. Jedino ako nema neke koristi od toga, a nema. Pa se sjeti riječi svog tasta Marka, gdje prestaje logika, počinje vojska! Mada, za Ibrahima je nekako realnije zvučalo, gdje prestaje logika, počinje Bosna i Hercegovina. Tog maja 1980 godine, kada se spremao da zaprosi ženu koju voli, nestala je država koju je volio. Kako smiješno, pomišljao je, stekao jednu ljubav, a istovremeno u isti čas, druga pobjegla od njega. Okrenuo se oko sebe. Sarajevo je bilo poput suze koja vječno teče niz nečije obraze i nikako da padne. Prije desetak godina ovdje se bio skupio cijeli svijet, a sada sve po tom istom gradu gori. Čak ni psi ne smiju izaći na ulicu. Olimpijski plamen se ugasio, a buknuo neki drugi plamen, plamen mržnje koji je četrdeset godina čekao svojih pet minuta i dočekao ih je. I niko ne zna kada će prestati da bukti. A Sarajevo....Sarajevo nije zaslužilo. Nije zaslužilo ovo što mu se dešava. Staljingrad u bosanskoj avliji, gdje se mrtvi ukopavaju tokom noći, gdje se ljudi ubijaju u redovima za hljeb i vodu, ubijaju se djeca na sankanju i žene koje izdahnu dok uz svjetlost svijeće donose plodove ljubavi na ovaj svijet i čitav svijet šuti, pravi se slijep, dok u istom tom gradu jedan čovjek pokušava da spasi drugog čovjeka. Jer svi ljudi su za njega isti i upravo bi možda za nekog drugog čovjeka skočio i u vatru. Koliko god da je bio nemilosrdan na borbenoj liniji, gdje je bilo pitanje oni ili mi, toliko je u njemu bilo želje da ne razočara jedinog prijatelja kojega je ikada imao. Svijet se po Ibrahimu, dijelio na dvije strane, na jednoj strani žive dobri i malo više bolji ljudi, a na drugoj strani, loši i malo više lošiji ljudi. I tu se nalazila sva njegova razlika. To je to.

U povratku, Ibrahima su pred zgradom dočekale Ivana i stara Ljilja, majka od Nebojše, koji se već par dana ne vraća kući, obje su potrčala prema Ibrahimu kada su ga vidjele da se vraća.

-Ima li kakvih vijesti? - oboje su istovremeno upitale.

-Nema, ali obećali su da će vas ubuduće pustiti na miru.

U ratna vremena, svaka zgrada, svaka ulica, svaki sokak u Sarajevu je imao svog gazdu koji se brinuo o njihovoj sigurnosti, a Ibrahim je ne pitajući se, preko noći postao el-chapo stare požutjele zgrade od šest spratova u sarajevskom naselju Bistrik. Do juče nije znao, ali vremena natjeraju čovjeka da sazna stvari koje ga ne interesuju, pa je tako i Ibrahim saznao da je ta njegova požutjela zgrada bila dosta nacionalno izmješana, pa je tako već medju prvima bila na meti lokalnih razbojnika i pljačkaša preobučenih u uniforme Armije Republike Bosne i Hercegovine, koji su tako zalazili po sarajevskim haustorima i sve u svrhu pljačkanja optuživali nepodobne da dojavljuju četnicima koji dio grada da granatiraju.

-A ima li vijesti od moga Nebojše? -upitala je stara Ljilja, dok je oprezno prilazila ka Ibrahimu, kao da joj život ovisi o njemu.

-Obećali su da će se raspitati i o njemu, rekli su da ne brinemo...

-Moj Nebojša iako teško oštećenog vida je imao želju da se prijavi u Armiju BiH, svakog dana je govorio da će sutra otići da se dobrovoljno prijavi, jer zna da je Armija na pravoj strani. Onoj dobroj strani. Sve dok tog dana nisu došli po njega i odveli ga.

-Ne brini - reče Ibrahim - vojska koga želi da pronadje onda će ga i pronaći. Idemo sada u podrum, večeras će da bude duga noć.

I bila je. Činilo se da tu noć projektili ne planiraju prestati da udaraju u grad, a podrum stare žute zgrade bio je dovoljno siguran da zaštiti sve one koji bi se zatekli u toj crnoj i zagušljivoj prostoriji. Poneki udar je bio blizu, poneki preblizu, a činilo se, dosta njih u daljini tuče i odjekuje nekim čudnih ehom na koje se ljudsko biće brzo navikne i zaspi kao da se vani ništa i ne dogadja. Svijeća koja je tu noć osvjetljivala mrkli podrum bila je dovoljna Ibrahimu da u njenom odsjaju vidi svoje sinove kako nekim blaženim snom spavaju u Ivanom krilu. I pored njih staru Ljilju koja ispod ogromnih naočala čuva svoje olovske suze, i Zorana, vodoinstalatera u penziji, i Mirsadu, majku troje djece koja spavaju pored nje i koja nestrpljivo čeka svog Idriza da se vrati sa linije, i stari Omer, i Igor, Marija, Rešadovi klinci, a i žena mu je valjda negdje tu medju dosta njih i tamo u dalekom mračnom uglu, iza svih znanih i svih neznanih, ugledao bi i staroga Peju, sa šahovskom tablom u krilu kako naslonjen na hladni podrumski zid, zatvorenih očiju smišlja neki genijalni, do sada neodigrani šahovski potez, kojim će da promijeni povijest ove drevne igre i uzdrma šahovski svijet. Potez koji će ga možda, izvući iz ovog ludila.

...

Operacija Neretva 93, bila je vojna ofanziva Armije Republike Bosne i Hercegovine u svrhu zauzimanja teritorija pod kontrolom Hrvatskog vijeća obrane (HVO), a izmedju ostalog i deblokade istočnog dijela Mostara, koji se 1993 godine početkom sukoba izmedju ARBiH i HVO-a, podijelio na istočni i zapadni dio. BH vojni vrh je krajem avgusta 1993 godine zaključio da je došlo vrijeme za izvođenje veće ofanzive koja bi obuhvaćala područje od Bugojna do Mostara, a u koju bi bile uključene snage 3., 4. i 6. Korpusa. U samim pripremama za Neretvu 93 dovučene su i najiskusnije jedinice iz okruženog Sarajeva (1. Korpus), kako bi se ostvarila dodatna nadmoć prema HVO-u. Medju njima, kao jedna od najodvažnijih bila je i Ibrahimova jedinica koja je poslije kraćeg boravka u Jablanici, poslana na najužarenije ratište u Hercegovini, u napad na malo planinsko selo Vrdi, na obroncima planine Čabulje, dvadesetak kilometara sjeverno od Mostara. Inače, to malo seoce sa prekrasnim pogledom na kanjon Neretve, bilo je ključno za odbranu hrvatskog Mostara i ubrzo je steklo epitet mjesta u kojem mnogi gube živote. Ali Ibri je bilo svejedno, mada se malo čudio što ga je komanda iz užarenog i okruženog Sarajeva dovela na neki krš i kamenjar u Hercegovini. I koliko god je ranije, dok se vraćao od punca i punice iz Šibenika, zastajao pored Neretve i objašnjavao svojim klincima

da je Bog negdje visoko iznad ove rijeke, gore negdje na vrhu stijena, upravo na tom mjestu sada se nalazio Ibrahim i za kratko vrijeme provedeno na tom suncem isprženom kamenjaru, osjetio je da Bog tu nikada nije ni bio, koliko god nekada mislio da jeste. Bila je to obmana, njegova laž kojom je želio da utješi samog sebe i da se natjera da životu podari neki smisao, kakav još nije spoznao. Najveće razočarenje za čovjeka je kada shvati da Bog nije tu gdje bi trebao da bude. Stotinjak metara dalje nalazlo se to selo, Vrdi, koje bi uskoro trebali da zauzmu, a onda poslije....sve bi trebalo da bude ravno do Mostara. Ali Ibrahim nije razmišljao o bici koja je pred njim, nadživio ih je dosta, dosta ih je za ovu godinu dana osjetio na svojoj koži, pa jedna manje ili više, njemu je svejedno. Više ga je bolila činjenica da ovdje ne osjeća Boga. Gledao je na sve strane, ne bi li primjetio neki dokaz da je bio ovdje, ali osim ponekog poskoka koji se izležavao na užarenom hercegovačkom kamenu, ništa drugo nije primjetio i to ga rastužilo.

-Najgore je ovo čekanje, majku mu jebem.

Glas čovjeka koji je sjedio u rovu, desetak metara od njega, prekide Ibrahimovo razmišljanje. Bio je to njegov komšija, automehaničar Šaban, kojega je Ibro na početku izbjegavao zbog njegovog prostačkog načina razgovora. I stvarno, u životu nije vidio čovjeka koji toliko psuje. Svaka Šabanova rečenica bila je psovka, a Ibro to nije volio. Ipak, Šaban je u njegovoj jedinici već oko pola godine i Ibro se s vremenom se navikao na njegove psovke. Štaviše, uvjerio se da se radi o dobrom čovjeku i još boljem borcu, pa ga je put tako doveo u "specijalce" kod Ibre. Šaban je bio čovjek na početku četrdesetih godina, okruglog lica sa crnim i urednim brkovima ispod nosa. Na prvi pogled, činilo se kao da se radi o debelom čovjeku, ali Šaban je možda bio sve, osim debeo.

-Nije mi jasno, majku mu jebem, ko nas uopće i dovede u ovu vukojebinu, kad je kod nas u Sarajevu, troduplo gore stanje nego ovdje. - nastavi Šaban sa pričom.

-Shvati ovo kao odmor - odgovori mu Ibro sa osmjehom na licu glancajući svoju perfektno čistu kamu.

-Ma kurac odmor, žena i djeca su mi ostali u onoj pećnici od Sarajeva, a ja ovdje glumim nekog ratnika i čekam znak da napadnem ono dole jebeno selo, koje prvi puta u životu vidim. Jebote, koja glupost, čovječe.

-Još mi nijednom nisi rekao da imaš djecu.

-Jebi ga, doktore, nisam ni ja glup insan, pa nikada i nismo puno pričali, vidio sam da me izbjegavaš, ali ajde, jebi mu mater, niko od nas nije savršen.

Ibro se postidio. Šaban je imao pravo, toliko se trudio da ga izbjegne svaki put kada bi prolazio pored njegove automehaničarske radionice, vraćajući se kući sa posla, sa mišlju da to niko ne primjećuje. A znala je to Ivana, a sada zna da je i Šaban znao. Na tren se malo sažalio nad njim, ali svejedno, nije znao šta da mu kaže, pa je Šaban nastavio sa pričom;

-Imam troje djece i suprugu, i staru majku, za sve njih se brinem. Jebi ga, nije mi jednostavno ih ostaviti same.

-Znaš, shvaćam te - reče Ibro - i ja imam ženu i dvoje djece, i užasno mi nedostaju, ali što manje razmišljam o njima, nekako mi bude lakše u ovom kamenjaru medju poskocima i ustašama.

-Znaš doktore, kad završimo posao ovdje, trebali bi na negdje sjesti da naguzimo koju čašicu rakije, pa još nikada nismo guzili zajedno.

-Rekao sam ti već par puta da ne pijem i nemoj me zvati doktore, nisam doktor.

-Kako nisi, jebemu, pa zubar si, to je valjda doktor.

-Svejedno, ne volim tako da me zovu. Postoje ljudi koji su mnogo veći i bolji doktori od mene i čini mi se malo nezahvalno da se i ja takvim predstavljam.

-Kako god, čini mi se da si ti se zajebo, moj doktore.

-Kako misliš?

-Pa mogao si fino biti medicinar, sad bi sjedio u nekoj ordinaciji u Sarajevu i brinuo se za ranjene. Ali ne, ti si htjeo u prašinare, na prvu liniju i eto ti sad, jebi ga.

-I zašto misliš da je bolje ostati u Sarajevu i gledati i previjati djecu koja su od granate ostala bez udova, od ovog kamenjara i pogleda na Neretvu?

-Pa jebi ga, ako ćeš tako posmatrati i nije, ali...

-Ali?

-Ovdje riskiraš život, pogotovo u ovim jebenim diverzantima gdje moraš da se jebenom ustaši i četniku privučeš tik iza ledja i osmotriš ko im jebe ženu, dok su oni na liniji.

-Barem nisam glineni golub, poput mnogo njih u Sarajevu.

-Jebi mu mater, i to što kažeš, i to što kažeš - uzdahnu Šaban vidjevši da nema svrhe prepirati se sa Ibrom.

-A i nije mi nikakav problem prišunjati se nekom četničku iza ledja - reče Ibro.

-A ustaši? - doviknuo je mladić udaljen desetak metara od njih, koji je istovremeno provirivao kroz rov ne bi li negdje ugledao neprijatelja i slušao njihov razgovor.

Šaban se nasmiješi.

-Oho, čuj malog, on nas prisluškuje.

Mladić se malo zacrveni u licu, očigledno da mu je bilo neugodno što su otkrili da ih prisluškuje, ali bilo je jače od njega, jer napokon je sjedio blizu Ibre, o kojem je čuo najodvažnije priče ikada ispričane i koji mu je u neku ruku, bio idol. Ibro ga pogleda. Bio je mlad, možda malo stariji od njegovog Zlatana, reklo bi se da nema ni dvadeset godina i da mu je ovo vjerovatno bio prvi zadatak sa Ibrinom jedinicom. A Ibro nije puno ni obraćao pažnju ko uopće i dolazi u njegovu jedinicu i s kim uopće i ide u akcije. S vremenom je prestao da se veže sa ljudima koji su dolazili, jer nekako mu je bilo lakše kada bi odlazili. Kao što nije znao ni otkuda Šaban u njegovoj jedinici tako nije znao ni otkuda ovaj klinac tu sa njim, na ovako zahtjevnom ratištu, a klinac se nije činio kao iskusan borac. Bolje reći, činilo se kao da je prvi put na nekoj borbenoj liniji, vidilo mu se to na licu. I on kao gušter, mogao je vrlo lako upropastiti akciju, nekim svojim naivnim pokretom neprijatelju odati svoj položaj, ali

Ibru to nije interesovalo. U borbi ovisi samo o sebi i u borbi se brine samo o sebi, ali ovaj klinac.....privukao mu je pozornost, ko zna zbog čega. Šaban je nastavio da ga zapitkuje;

-Ko je tebe mali uopće poslao u ovu jedinicu, kladim se da ti ni dlake oko jaja nisu počele da rastu.

Momak je spustio glavu, na tren bi podigao pogled i pogledao u Ibru, pa ponovo oborio glavu u hercegovački kamen.

- Zna li ti mama da si otišao na ratište, ha? - Šaban nije prestajao sa provociranjem.

-Pusti ga - uzviknu Ibro i okrenu se prema mladiću, pa mu reče;

-Dodji ovamo.

Momak kao da je jedva čekao i brzo pridje tik do Ibre i sjede pored njega dok se iz pravca sela u kojem su ukopane ustaše nestrpljivo čekale udar druge strane, začuo poneki fijuk metka kako para vedro hercegovačko nebo.

-Odakle si? - upita ga Ibro.

-Pa iz Sarajeva, kao i vi.

-Nisam te prije primjetio, ovo ti je prvi put da si sa nama?

-Žutokljunac hahaha - cerekajući se reče Šaban. Ibro ga oštro pogleda dajući mu znak da prestane.

-Jeste, prvi put sam sa vama.

-Pa ko te posla u diverzante, jebem ga nenormalna, a nisi još ni pičke probo hahaha - nastavio je Šaban.

-Pa komanda. - reče stidljivo mladić.

-Koja komanda? Jel Rifat? - upita ga Ibro.

-Jeste, bio sam najbolji u svojoj klasi i tako....evo me ovdje....sa legendarnim Ibrom - reče mladić ne spuštajući pogled sa Ibre.

-Kako se zoveš?

-Jasenko -Jasenko?
-Da.

Šaban reče;

-Vjerovatno si nešto zasro, moj Jasenko, ili tvoj otac nije imao mozga da Rifatu turi koju marku u džep, da mu poštedi sina jebavanja po vukojebinama hahahah

- Pusti momka - reče sad otvoreno Ibro, pa se ponovo obrati Jasenki;

-Koliko imaš godina?

-U decembru će mi biti 20.

-A čiji si?

-Salkin.

-Znam samo jednog čovjeka koji se zove Salko i on taksira po Sarajevu.

-To je moj otac!

-Salko taksista?

-Da, znaš li ga? - upita mladić Ibru.

-Naravno da znam, Salko je dobar i pošten čovjek, par puta sam se vozio u njegovom taksiju. Cijelo ga Sarajevo zna.

-A ja sam mu par puta popravljao pezejca - dobaci Šaban, za svjetsko čudo, ovaj put bez psovke.

-Zna li Salko gdje si ti? - upita ga Ibro.

-Naravno da zna - odgovori Jasenko - na odlasku mi je dao ovaj sat i rekao mi da se pazim, ali otac kao otac, brine se, šta ćeš. - reče Jasenko pokazujući sat na ruci.

-Bojiš li se? -nastavi Ibrahim sa pitanjima.

-Malo.

-Ne brini, i ja sam se plašio prvi put.

Momak podiže glavu ka Ibrahimu, ne vjerujući da se jedan od heroja Sarajeva plašio nekoga. O Ibrahimu je čuo priče ko i svi ostali ljudi i bio je počašćen što sada sjedi pored njega i priča sa njim.

-U akciju vjerovatno krećemo sutra rano ujutro, opusti se, odmori, ima još vremena. - pokušao je Ibro tom golobradom momku dati par savjeta jer na licu mu je vidio strah, a strah je najveći ubica. Pogotovo djece poput Jasenke, a Ibrahim nije želio da sutra ujutru izgubi ovog momka. Ne toliko zbog njegovog oca Salke, koliko zbog toga što je u Jasenki primjetio svog starijeg sina. Pokušao je razgovorom da mu otkloni strah i činilo se, uspijevalo mu;

-Čime se baviš, mali?

-Studiram ekonomiju, ali želim da postanem profesionalni fudbaler. Svojevremeno sam bio pred prvim timom FK Sarajeva, ali eto....zarati se.

-Koju poziciju igraš?

-Veznog, imam san da jednog dana postanem poput Piksija.

-Jebo te Piksi, vlah, zašto ne sanjaš da postaneš poput Sušića, Baždarevića...- doviknu Šaban.

Momak se zasmija, a i Ibrahimu se ote osmijeh na licu.

-Ne brini momak, cio život je pred tobom, a ovaj rat neće dugo potrajati, brzo ćeš ti opet na Koševo, a ja ću doći da te gledam i navijam za tebe.

Jasenki oči zasijaše;

-Ne bi bilo sretnijeg čovjeka od mene kada bi me sa tribina bodrio heroj poput Ibrahima.

Ibrahim ušuti, a činilo se ni Šaban nije imao šta da kaže.

Kada snovi zaplešu, obične riječi postanu suvišne. I svi su odjednom odlutali u snove. Ibrahim je jedva čekao kraj rata da se vrati u svoju razrušenu stomatološku ordinaciju, koja je nekim spletom okolnosti bila u gradu na samoj liniji razdvajanja i činilo se da osim ruševina, od nje ništa nije ni ostalo, ali Ibro kao Ibro, niko nije ni sumnjao da bi ubrzo od nje stvorio uspješnu ordinaciju. Šaban je brojio dane da se vrati nazad u svoju automehaničarsku radionicu pomoću koje je prehranjivao cijelu obitelj, da umazan od ulja i totne masti ponovo zaroni pod nekog yugu, golfa ili mercedesa i nakon obavljenog posla, rahat pred radionom naguzi hladnu pivu. A Jasenko....Jasenko je uistinu bio veliki fudbalski talenat sa Koševa i da rat nije buknuo, sada bi vjerovatno bio u nekoj mladoj reprezentaciji Jugoslavije, a onda bi iz Sarajeva prešao u Crvenu Zvezdu ili Partizan, pa poslije potpisao za Real ili Bayern i novcem od transfera bi svom Salki kupio neko bolje auto od izhrdjalog pezejca, da s njim taksira po ulicama Sarajeva.

Bilo je nekako vrijedno divljenja pogledati tri čovjeka, koji nemaju nijednu zajedničku dodirnu tačku, tri borca kako pred nastupajuću bitku, sjede u rovu, jedan pored drugog i zajedno maštaju o nekim boljim danima koji ne žele da osvanu. Tek poneki ustaški pucanj koji bi proletio iznad njihovih glava probudio bi ih iz njihovog sanjarenja.

-Majku im jebem ustašku, čovjek od njih ne može ni sanjati. - prvi se javi Šaban.

-A vjerovatno ni oni od nas - reče Ibro.

-Ma kurac i oni od nas. Eto, mi njih iz čista mira napali, jer nam bilo dosadno ratovati samo sa Srbima. Pusti šuplju, ba.

-Sve je to politika - reče Jasenko mirno, što je Šabana dodatno iznerviralo.

-Allaha mi moga, takvi poput tebe mi baš znaju da piče po živcima.

-Je l'? A zbog čega? - začudjeno ga upita Jasenko.

-Pa sve pravdate politikom, jebla vas politika. Na jednoj strani nas ubijaju gdje stignu, a ti kažeš, politika je to. Dodju ti u avliju, ubiju ti i ženu, i djecu, i oca, i majku i ti na kraju mirne duše kažeš, politika je to. Na drugoj strani, nas trpaju po logorima, siluju, ubijaju, tuku, premlaćivaju i ti kažeš, ma pusti, politika je to. Jebem i tebe, i politiku, bolan. Ako će neko moju smrt opravdati politikom, onda jebem ja i vas, i četnike, i ustaše, odoh ja kući.

Ibro je već par puta pogledom odmjerio Šabana da pazi kako se obraća Jasenki, da se klinac ne bi prepao, ali ovaj put je zašutio, jer znao je da ima istine u ovome što Šaban priča. Sve što je imalo smisla izgubilo se u ovih zadnjih godinu i po dana rata u Bosni, odjednom je život postao beskonačni bezmisao. Svakog novog dana, besmisao bi izlazio na nebo poput sunca i ljudi bi se svakodnevno pomoću njega orijentisali kada bi shvatili da ne znaju gdje se nalaze. Što prije shvatiš da u svemu ovome nema smisla, možda i ostaneš živ u besmislu. Jučer si znao gdje je početak i kraj, a već danas shvataš da će te neko ubiti samo zato što se drukčije zoveš. Gdje nestade ono bratstvo? Kada se to ugasio dan u kojem smo bili kao i svaki čovjek na ovoj planeti i osvanuo neki drugi dan, u kojem smo postali neka divlja životinja? Ni Ibro nije mogao da shvati, kojeg se tačno dana privikao na to da nekome tek tako presiječe vrat, kao da kolje pile, iako u mladosti nije mogao ni da mrava zgazi, a kamoli čovjeka. I kako, kojeg je tačno dana uspio da se navikne na taj osjećaj kao da ničega nije bilo, a jeste. Pravdao se time što je rat, što je morao da ubije, što nikada nije civila ubio i uvijek bi u krvi našao opravdanje, ali smisao nije nikada. I izjedalo ga je to što su ljudi prestali da budu ljudi i to što je i on jedan od te gomile. I što tu ne može ništa da promijeni.

Oni su htjeli da se otcijepe, a mi im nismo dali i tu je negdje sve počelo. Ili od onog Hadžibegićevog penala, nije bilo najjasnije, ali kako god, zgurani pred istrebljenje pokušavamo shvatiti gdje smo zgriješili. I sada je kasno tražiti smisao u besmislu.

Ali držanje mladog Jasenke davalo je nadu da nada još uvijek nije iščezla sa ovih prostora, ako je uopće i bilo hrabrosti da se nada. On bi samo rekao;

-Mora jednom i ovome doći kraj, a onda ćemo se svi mi vratiti normalnom životu.

Ili je bio suviše mlad da sebi ne dozvoli pomisliti da je sa životom gotovo, još uvijek je u njemu bilo snova da tek tako prestane sanjati. Kao što je prestao Šaban, pa svaku Jasenkinu riječ bio dočekao sa podsmijehom praćen nekom sočnom psovkom. U vremenu kada se sve dijeli, zašto se i snovi ne bi podijelili, pomišljao je Ibrahim slušajući prepriku njih dvojice. Svi ljudi imaju snove, ali čovjek kako stari sve više shvata da se rijetko koji od tih snova ostvari, pa spušta granicu realnosti i ubrzo primjeti da više ne sanja ono što je do jučer sanjao, novac, slavu, limuzinu, jahtu...nego samo još par dana na ovom svijetu.

-Nadati se isto je kao srati, jednom kad to istreseš iz sebe, bude ti lakše. - reče Šaban okrećući se u stranu da pokuša odrijemati prije početka akcije, dajući mladom Jasenki do znanja da je sa njime završio prepriku, ali Jasenko se i dalje čvrsto držao svojih uvjerenja. Kao da je rat dio života svakog čovjeka na svijetu, pa tako je morao biti i njegovog. Prije nego što dobiješ diplomu za završeno odrastanje moraš da iskusiš jednu sitnicu koja se zove rat i kao što u životu dolazi vrijeme za rodjenje, vrijeme za prvi poljubac, vrijeme za prvi postignuti gol, vrijeme za ženidbu, vrijeme za smijeh, tako u životu svakog čovjeka na svijetu, postoji i vrijeme za rat. I to je nešto sasvim OK.

Pogledao je u Ibrahima pokušavajući u njegovim očima vidjeti podršku za bolje sutra, ali nije je našao. I Ibrahim se poput Šabana namjestio za spavanje i dao znak mladom Jasenki da se vrati na svoje mjesto i da proba barem malo odspavati dok nije zapucalo. O snovima ćemo kad se probudimo.

I samo što je Ibrahim sklopio oči, začuo je pucanj. Mogao je to biti jedan od mnogih pucnjeva koji su tog dana fijukali iznad njihovih glava, ali ovaj....Ovaj je pogodio u metu. Znao je to Ibrahim i prije nego je odlučio da otvori oči. Znao je i Šaban koji se do tad pravio da spava. Tek mali Jasenkov uzdah i njegov mozak koji se prosuo po iskopanoj zemunici. Zvuk ljudskog mozga koji se raspada pri sudaru sa olovom dobro je poznat zvuk za Ibrahima i nije bilo potrebe da otvara oči, ali....morao je. Nekada je teže otvoriti oči nego podići najteži kamen na svijetu.

U Jasenkovom mladalačkom zanosu o boljem sutra, o budućnosti, o tome da je rat nešto uobičajeno za svako ljudsko biće, zaboravio je da je i smrt dio života. U povratku na svoje mjesto, Jasenko je nerazmišljajući ustao, da li je taj nemar učinio jer se osjećao pobjednikom poslije rasprave sa Šabanom ili je zaboravio da je na jednom od trenutno najgorih borbenih ratišta na svijetu, ili zato što se par trenutaka prije upoznao sa svojim idolom Ibrahimom, koji mu je obećao da će jednog dana doći na Koševo da ga gleda u dresu Sarajeva, ili je jednostavno bio previše dobar čovjek za život u besmislu, pa ga je Bog uzeo sebi i dao mu neki smisao. I onako, kao što u životu dolazi vrijeme za sve, tako dolazi i za smrt. U povratku na svoje mjesto, Jasenko se podigao više nego što je smio, što je bilo dovoljno za snajperistu sa one strane.

Ibrahim je nijemo pogledao u Šabana, Šaban je nijemo zurio u Ibrahima, jedan drugom su u očima vidjeli, budućnost leži mrtva. I ne miče se. Ni jedan ni drugi nisu mogli da se pomaknu sa mjesta iz straha od ubitačnog pogleda snajpera, ali njihovi pogledi, upućeni jedno ka drugom, sve su govorili. Pogotovo Ibrahimov. Još jedna spoznaja gdje oni koje on poznaje umiru, a on ostaje živ. Isprva je to smatrao srećom, ali kasnije se ona pretvorila u prokletstvo. Kakav si ti čovjek kada te ni metak neće? Zar nešto nije u redu sa tobom? Zašto ne osjećaš strah? Zašto ti je sve to jednostavno, kao da ideš u obližnju trgovinu po mlijeko i šećer, a ne da se primičeš smrtnom neprijatelju iza leđa. I ti nekim čudom uvijek iz toga izadješ neokrznut, nedodirljiv, kao da ti niko ništa ne može.

Ubrzo je uslijedio žestok napad HVO-a i sve je počelo da gori. U brzom povlačenju Jasenkino tijelo je ostalo da leži u hladnom rovu, tek je Ibro na brzinu skinuo sat sa njegove ruke, a ni on nije znao zbog čega je to uradio. Valjda ako nekada nabasa na Salku taksistu, Jasenkinog oca, da mu može predati taj sat i reći mu dvije tri lijepe za umrlog sina ili tako nešto. Nije mogao da ode tek tako. Jasenkino tijelo je ostalo na onoj strani i nikada se više nije saznalo šta je HVO uradio sa njim.

Armija RBiH nikada nije zauzela selo Vrdi, iako su se nakon tog dana vodile žestoke borbe za ta vrata Vatikana, kako su hrvatske glavešine zvale to maleno seoce u kršu i kamenjaru, linija se pomjerala čas tamo, čas amo, ali nikada nije učinjen neki značajni korak ni na jednoj strani. Kao što je bio slučaj i u opkoljenom Sarajevu, tako je bilo i ovdje, najjači bedem je kada čovjek spozna da nema kuda nazad. Kada bude doveden pred istrebljenje i kada shvati da mu niko neće pomoći osim njega samog. Ljudi su najjači kad izgube vjeru jedni u druge.

...

Ibrahimova jedinica se i nije dugo zadržala na Vrdima, niti je borcima uopće bilo do gubljenja života u nekom hercegovačkom kamenu daleko od Sarajeva. Svi su jedva čekali da se vrate kući svojim obiteljima. A Ibrahimu poslije Jasenkove pogibije kao da i nije bilo do ratovanja, jednostavno je u njemu nešto zastalo, kao neka kost u grlu, i tjeralo ga da sjedi u mjestu. Sve dok jednog dana u njihov štab u Jablanici, odnekud nije banuo nadredjeni Rifat, vodeći sa sobom plavokosu Minku, koju je, pričalo se po komandi, kresao kad mu se ćefnulo, a nudio ju je i drugima, kojima bi se htio dodvoriti kada bi shvatio da od njih ima neke koristi. Rifat se nakon Jasenkine smrti još više pokvario u

Ibrahimovim očima, jer bilo je očigledno da Rifat snosi veliku odgovornost za Jasenkovu smrt. Ako nisi imao nešto od čega bi Rifat imao koristi, prosto si bio ništavan za njega i gledao bi te kao nedoraslog sebi. Ibrahim je to znao i znao je da ne bi bilo pametno da mu išta prigovori. Rat je prljav, a ljudi u njemu još prljaviji. Iako se Rifat na trenutke plašio Ibrahima i njegovog junačkog imena, i dalje se znalo gdje je čije mjesto. Rifat je bio nadredjeni, a Ibrahim onaj koji ispunjava naredbe. I tako je jednog kišnog dana, Rifat ušetao u komandu i nakon kraćeg vremena odvojio Ibrahima u stranu i rekao mu;

-Uzmi tri čovjeka i odmah večeras idete ka Grabovici.

-Kakvoj Grabovici i zašto?

-Ovdje na Vrdima više i niste potrebni, linija će se teško micati ubuduće.

-Ne razumijem.

-I nema šta da razumiješ, tvoje je da ispunjavaš ono što ti se naredi, jel jasno?

Ibrahim je ćutljivo kimnuo glavom, a Rifat nastavio tiše, okrećući se oko sebe da provjeri da ih možda neko ne prisluškuje.

-Grabovica je mjesto, dole prema Mostaru, neki naši su sinoć tu pravili pizdarije, ima mrtvih.

-I?

-Tvoje je da odeš, da provjeriš šta su idioti učinili i da pokušaš to zataškati, da se ne pročuje, naredjenje je odozgo.

-Ne razumijem, šta da zataškatm?

-Ima mrtvih civila, Hrvata, prve informacije govore da su neke naše jedinice tu upale i šta ja znam....nešto se otelo kontroli, pobili su neke civile.....Ne treba nam sad to sranje u jeku ove akcije protiv ustaša, kontaš? Tvoje je da to provjeriš ko je kriv, da očistiš teren prije nego što UNPROFOR dodje i da saznaš imena tih idiota koji su to počinili, pa da im jebem mater kasnije, jel jasno?

-Nije - reče Ibro bez straha kako će njegov odgovor da bude shvaćen, a Rifat ga je shvatio tako što je izobličio lice, gledajući ga kao da ga pita, šta ti uopće nije bilo jasno u ovome što sam ti rekao. Ibrahim je nastavio; -Zašto ja?

-Zato što si ti jedini kojem vjerujem u ovom jebenom kamenjaru.

-Ali znaš da to nije moj posao?

-Znam, jebi ga, ali nemam nikoga drugog. Ajde ovako, odradi mi to i izvući ću te iz ovog horora nazad kući u Sarajevo.

Ibrahim se zamislio, zvuči primamljivo, pomislio je. Poželio je Zlatana i Amara, pogotovo svoju Ivanu, a i šta može da se loše desi, otići će do te Grabovice, sigurno je dvoje - troje mrtvih civila u pitanju, opaliti odgovornima ćušku i odjezditi iz ove nemilosrdne Hercegovine, u kojoj još uvijek nije pronašao Boga, nazad ka svojim voljenima na Bistriku. Pogledao je u Rifata, čekao je odgovor.

-U redu - reče Ibrahim - i kad krećemo?

-Što prije to bolje. I zapamti, sve što doznaš u Grabovici, reći ćeš samo meni i nikome drugom, jel jasno?

-Jeste.

-Niko ne smije da dozna detalje o onome što se desilo u tom mjestu, osim mene. I povedi sa sobom dvojicutrojicu ljudi kojima vjeruješ da neće puno pričati. I što prije to obavimo, svima će biti bolje.

-OK, OK, evo već se laćam posla. Ne brini.

-E, takvoga te volim - reče Rifat sa olakšanjem - i jesi li siguran da i dalje ne želiš kresnuti Minku? Pa pogledaj je, mala se jebe ko avion. Barem jednu turu na brzaka, ha?

-Neka, hvala - odgovori Ibro.

-Hajde, kako želiš, čudan si ti insan, moj Ibrahime.

Odoh da ti sredim prevoz do Grabovice, a ti nadji još trojicu koju ćeš povesti sa sobom.

Bila su to čudna vremena, dan bi svanuo brže od očekivanog, a noć bi se spustila kada se čovjek najmanje nada da joj je vrijeme. I sve se dešavalo brzo, prije nego bi čovjek stigao da razmišlja o danima i noćima. Noć je bila noć, dan je bio dan, samo čovjek nije bio čovjek. On je prolazio mnogo brže. Nestajao. Tako je i Jasenkina smrt brzo nestala u smiraju idućeg dana. Još jedna naivna žrtva koja će, kada dodje gore na neko bolje mjesto, umisliti da je dala život za neke ideale, za slobodu, za državu....a ustvari, takve je najlakše iskoristiti.

Vojni džip se probijao kroz tamnu jesenju noć, a onda se odjednom iz njega prolomio jezivi smijeh koji je protutnjao tamom.

-Hahahahahahahahah!

Ali moglo mu se. Svejedno ga niko ne bi ni čuo. Jezivo prazan kanjon Neretve, farovi vojnog džipa i hladna rijeka koja ne prestaje da brblja kojekakve gluposti stijenama iznad sebe i dragom Bogu, koji se možda i premoren od Neretvinog beskonačnog brbljanja i nije nalazio tu gdje ga je Ibrahim očekivao. Kroz tu dosadnu i tamnu sliku, prolomio se ljudski smijeh.

-I kažeš, poslali te da provjeriš ko je ubio ustaše hahahaha - Šaban se neumorno smijao na

suvozačevom mjestu, dok je pored njega Ibro upravljao džipom i mirno slušao njegov provokativni smijeh.

-Ne, ustaše, nego civile - odgovorio je Ibro tjerajući džipa kroz mrkli mrak kanjona Neretve.

-Ma daj, ne jebi me sad i ti Ibrahime, ako su ti ubijeni civili bili Hrvati, onda su ustaše.

-Nije tačno.

-Jeste Ibrahime, samo ti to ne znaš. Sve se podijelilo u kurac, moj Ibrahime. Srbin ide Srbinu, Hrvat ide Hrvatu, a mi, Bosanci, muslimani, šta smo već, nama je najbitnije da ostanemo živi u ovome sranju. A haman nas niko ne voli. I ti sad, voziš ka tom nekom hrvatskom selu da provjeriš ko je ubio ustašu i da to zataškaš hahahaha. Pa šta da zataškaš, jebo te život? U Sarajevu ljude ubijaju ko na streljani, a ti bi da zataškaš neko ubistvo u nekoj vukojebini izmedju Mostara i Jablanice hahahahahah. Pa majke mi, nas Bosanaca da nema, trebalo bi nas izmisliti. - Šaban nije prestajao da priča i da se smije, a Ibrahimu to i nije smetalo. Da jeste, ne bi ga uopće ni vodio sa sobom u Grabovicu. Davno je shvatio da Šaban možda jeste vulgaran i neodmjeren lik, ali je uprkos tome bio iskren i borac koji će ti čuvati ledja kada zatreba. Kao i dva lika koja su sjedila na zadnjem sjedištu galopirajućeg džipa kroz pustu tminu Neretvinog kanjona. Bili su to momci negdje sa Romanije, izbjeglice, dva brata koja su se zvala poput Bosanaca iz viceva, Huso i Haso. Nisu bili baš najbistriji, ali što manje razmišljaš, bolji si vojnik, a njih dvojica su bili dobri i hrabri vojnici. To je Ibrahimu bilo najvažnije, pa ih je, uz Šabana, odabrao za zadatak u Grabovici. Iako su se njih dvojica često nalazila na meti ismijavanja u vojsci, zbog njihovog tupog izgleda i frizure kao da su tik pobjegli iz zatvora, a pogotovo zbog anegdote koja je kružila o njima kada ih je šumar, još prije rata, negdje na Romaniji, kao maloljetne, uhvatio u kradji drva, pa pozvao miliciju, koja je ubrzo došla na lice mjesta i krenula da ih ispituje.

-Kako se ti zoveš?

-Huso.

-A ti?

-Haso.

Pa im opale po šamar. Zviz!

-Idemo ispočetka, kako se ti zoveš?

-Huso.

-A ti?

-Haso.

-A majku vam jebem, nas ste našli zajebavat.

Pa ponovo šamar, zviz!!

I tako, milicajci i šumar su ih šamarali čitavu noć dok nisu shvatili da se ovi ne zajebavaju i da se stvarno zovu Huso i Haso.

Ali njima dvojici nikada nije smetalo što ih ostali smatraju glupima. Možda su bili čak i priglupi da to skontaju, ali kako god, Ibro je tražio iskrene i pouzdane borce, a Huso i Haso su to bili. Kao psi koji bi na mali gazdin pokret rastrgali lovinu, tako bi i oni poslušali bilo kakvu Ibrahimovu naredbu. Ali Šaban nije prestajao sa pitanjima;

-I šta kad dodjemo u tu Grabovicu?

-Ne znam, vidjećemo - Ibrahim je smireno odgovarao ne skidajući pogled sa svjetlosti farova koji su rezali mrak ispred sebe.

-I šta kad saznamo ko je ubio te ustaše?

-Ne znam.

-Da privedemo našeg?

-Ne znam.

-Pa jesi li ti Ibrahime glup, poput ove dvojice sa zadnjeg sjedišta?

Ibrahim je šutio, šutjeli su i Haso i Huso, njima je

odavno bilo svejedno što ih neko naziva glupima i nije ih to doticalo, ali Šaban nije mogao da šuti;

Pripalio je još jednu cigaru i nakon što se malo smirio, nastavio;

-Ma, jebi mu mater, hajde da vidimo i tu Grabovicu, sve je bolje od sjedenja u onom kamenjaru i čekanja da te snajper spuca u glavu.

Vojni džip, u kojem su se vozili Ibrahim, Šaban i braća sa Romanije, brzo je naišao na prvi punkt Armije BiH i poslije uobičajene formalnosti i provjere dokumentacije, bez problema pušten ka malom seocetu, koje je sa druge strane rijeke uljuljkano spavalo u magli.

Ibro je brzo, kada su prešli most koji je spajao dvije strane Neretve, zaustavio vozilo. Bili su kasni sati, ponoć je prošla. Na samom izlasku iz džipa dočekalo ga je uniformisano lice, koje mu je salutiralo nakon što je pregledao Ibrinu dokumentaciju i papire koje mu je dao
Rifat.

-Podjite ovamo, da se sklonimo sa ove hladne noći.

Svi se zaputiše za njim, osim Ibre, zastao je na ulasku u prvu kuću, koja je pred njim iznenada izronila iz magle. Podigao je pogled iako od mrklog mraka pomiješanog sa maglom nije mogao ništa da vidi, ali činilo mu se da je nešto osjetio. Čuo je Neretvu kako teče, bila je blizu i čuo je još nešto, ali nije znao šta. Neki čudan potmuli zvuk koji je dolazio iz magle, ali nije mogao raspoznati šta je u pitanju. Ustvari, ovakav zvuk za života nikada i nije čuo. Kao da magla i Neretva istovremeno plaču, ali tiho, sasvim tiho, da ih niko ne čuje. Okrenuo se i brzo ušao u kuću za ostalima. Vojnik koji ih je dočekao, predstavio se kao Pašaga i bio je zadužen za njih, tako je barem rekao. Rekao je da su ga zvali telefonom iz komande i da su mu objasnili da će ubrzo doći tipovi, kojima će morati da objasni sve što se dešavalo u Grabovici i da im se poslije stavi na raspolaganje. A ti tipovi su bili Ibro i njegova pratnja. Pašaga je bio običan čovjek, rodom iz obližnje Jablanice, premršav, presijede kose, kroz lice mu prošlo sve što je moglo, a i ono što nije. Odmah se vidilo da nema nikakav visoki vojni čin u ovome mjestu, ali Ibrahim je bio previše premoren za neka nova upoznavanja, te je htio prije nego što da predje na posao zbog kojeg je doveden u ovo hercegovačko mjesto, čestito da odspava. Upitao je samo;

-Gdje ćemo spavati?

Pašaga ih je odveo na sprat te kuće, tipične za hercegovačko podneblje. Teške vojničke čizme su odjekivale njome i nakon što su ubrzo smještene u sobe u kojima će spavati, Pašaga se zadržao pred vratima Ibrahimove sobe i čudnim glasom rekao;

-Naspavajte se, sutra imamo puno posla.

Ibrahima je odjednom zaokupio neki nemir sa kakvim se veoma rijetko susretao za života. Scena kao iz jeftinih horor filmova, ostavljen u mračnoj, hladnoj i nepoznatoj kući, u selu na kraju svijeta, sa Pašagom domaćinom, čije lice je moglo da uradi bilo šta osim da nekome nepoznatom ulije mir i sigurnost prije spavanja i uz to, još uvijek ne znajući šta uopće i treba da radi u tom nepoznatom mjestu. Prišao je prozoru sa kojeg se ništa nije vidjelo, a svejedno je odlučio da stoji pored njega i zuri kroz staro i napuklo staklo.

Nešto nije kako treba, ponavljao je Ibrahim u sebi, nešto nije kako treba.

Ali, odlučio je da što prije odspava nestrpljivo očekujući sljedeće jutro, koje bi trebalo da mu da odgovore na pitanja koja su mu lebdila iznad glave.

...

Ibrahim je sljedećeg jutra poranio i sišao u prizemlje kuće. Dnevna soba, koja je nekada vjerovatno bila topli dom neke obitelji, sada je davala gotovo neprepoznatljive znakove da je u njoj nekada nešto raslo, živjelo. Komadići dnevnog namještaja su bili svuda po sobi, tek drveni stol i nekoliko stolica oko njega, su ostali čitavi. Ibrahim je sjeo za njega, ubrzo mu se pridružio i Šaban noseći šolje sa kahvom, a malo poslije sišla su i braća Huso i Haso. I taman što su se smjestili za drvenim stolom, u sobu je banuo Pašaga, a dvojica vojnika, koji su došli sa njim, ostali su pred kućom. Pašaga se malo iznenadio kada je za stolom zatekao Ibrahima, Šabana i dvojicu braće, koja su stojala malo podalje od stola, jer rano je jutro i nije baš očekivao da će ove pridošlice, koji su poslani u Grabovicu, da ispitaju skorašnje dogadjaje, zateći budne i spremne za posao koji je pred njima, ali vjerovatno nije znao ko je Ibrahim i da se radi o prekaljenim borcima. Onako iznenadjen, progovorio je; - Sabahajrulah, braćo!

Šaban je iznenadjeno pogledao Ibrahima, dok je ovaj ka ustima promicao toplu šolju kahve i malo se zagrcnuo kada je čuo Pašagin pozdrav. Šaban se zasmija, pa reče; - Šta ti pričaš, ba? Gdje vidiš braću?

Pašaga se izgubi. Očigledno mu je bilo neugodno pred ovom četvoricom vojnika koji su kasno sinoć stigli i koji se valjda još nisu dobrano ni razbudili. Ili su jednostavno takvi. Kleo je sam sebe što je ovako poranio, ali, kasno je sada. Ibrahimov ozbiljni pogled ga je presjekao u nogama, na trenutke bilo mu je teško i da stoji. Ibrahim mu pokaza rukom na stolicu, sa druge strane stola i reče;

-Sjedi.

Pašaga nervozno sjede.

-Kako si ono rekao da se zoveš? - upita Ibrahim nastavljajući da pijucka kahvu.

-Pašaga.

-Pašaga?

-Da, Pašaga.

-U redu, Pašaga, vjerovatno znaš zašto smo mi ovdje.

-Znam, znam - reče ovaj nervozno.

-I vjerovatno bi trebao znati da nam nije do zajebancije po nekim hercegovačkim vukojebinama, pa nam lijepo ispričaj šta se ovdje dešavalo, pa da to što prije sredimo i da svako krene svojim putem. Jel' u redu?

-Jeste, jeste.

-Pa, hajde, šta se desilo?

Pašaga kao da je isprva htio da dodje do daha, pogledao je oko sebe, u Ibrahimovo hladno lice koje se grije toplom kahvom, u Šabana koji je neprestano zurio u njega i u dvojicu vojnika, koji su malo podalje stojali prislonjeni na zid, držeći u rukama automate. Svi su gledali u njega i čekali da progovori, a Pašaga nije znao kako i odakle da počne, pa je jednostavno rekao;

-Pobili su ih!

Ibrahima kao da odgovor nije nimalo dotakao, pa je nastavio sa pitanjima;

-Ko je koga pobio, Paša?

-Vojska, vojska ih je pobila.

-Čija vojska?

-Pa naša.

-A koga je pobila?

-Hrvate!

-Koja Hrvate, Paša?

-Pa, mještane, civile, starce, žene....

-Koliko, Paša?

-Šta koliko? - Pašaga iznenadjeno upita Ibrahima.

-Koliko ima ubijenih?

-Ne znam, ne znam, jučer ujutro je prestala pucnjava, a trajala je cijelu noć i možda prekjučerašnji dan....nismo stigli još ni izbrojiti....ne znam, ne znam....nisam siguran.

-Polako Paša, smiri se. Hoćeš kahvu?

Izgubljeno je kimnuo glavom, a Ibrahim je jednim pogledom dao znak jednom od braće sa Romanije, da mu donese kahvu.

-Koliko otprilike, petero?

-Više.

-Desetero?

-Više, više...

Ibrahim se iznenadio.

-Dvadeset?

-Ne znam, ne znam....moguće da ih ima i više, tek sinoć smo krenuli da prikupljamo leševe, čim su oni otišli....

-Ko je otišao?

-Pa, ovi što su ih ubili.

Ibrahimu je već bilo dosadilo postavljati pitanja, pa je malo sačekao da Pašaga popije nekoliko gutljaja kahve, pa da malo dodje sebi i da nastavi opširnije pričati. A Pašaga, Pašaga se bio totalno pogubio, ni on nije znao zbog čega. Nije se toliko plašio Ibrahima, Šabana i njihovih pitanja, koliko je izgleda nečemu svjedočio. Nečemu strašnom što mu ne da mira. I nije bio spreman za priču, gotovo kao da je i bio nesposoban da govori. Valjda kad se čovjek negdje sudari sa strahom, ostanu posljedice na čovjeku, pa mu treba malo vremena da dodje sebi. A Ibrahim je bio sve više nestrpljiviji, pogledao je u Šabana i Šaban u njega i odmah su znali, ovdje se desilo nešto mnogo veće nego su pretpostavljali, pa je ponovo krenuo sa pitanjima;

-Ko ih je pobio, Paša?

-Vojska iz Sarajeva!

-Pa gdje je otišla ta vojska?

-Jučer, ka Mostaru, ka deblokadi.

Ibrahim je ponovo pogledao u Šabana. Nije dobro.

-Hajde Paša, popij kahvu, pa idemo vani da nam pokažeš šta se tačno desilo. - reče Ibrahim ustajući sa stolice.

Kuća u kojoj su prespavali, nalazila se tek nekoliko metara od mosta koji je spajao dvije strane Neretve i pri samom izlazu iz kuće, Ibrahim je tik na mjestu gdje se most završava ugledao leš u vojničkoj uniformi i zaputio se prema njemu. Na mrtvom tijelu je bila uniforma Armije Republike BiH. Leš je vidljivo bio priklan, od uha do uha. Ibrahim se okrenuo Pašagi i upitao ga;

-Ko je njega ubio?

-Pa vojska.

-Naša vojska?

-Da.

-Pa, zbog čega?

-Bio je Hrvat!

Zavladala je tišina na par minuta. Magla se već počela dizati iznad sela i otkrivati tragove svega onoga što je ovo selo doživjelo u posljednjih par dana. Grabovica je bila seoce izmedju Jablanice i Mostara, i koja je bila apsolutno nastanjena hrvatskim stanovništvom. Prilikom početka sukoba izmedju ARBiH i HVO-a, ostala je na bosanskoj strani. Vojno sposobno stanovništvo Grabovice se priklonilo HVO-u i otišlo iz sela, dok je starijim mještanima, ženama i djeci, ARBiH garantovala sigurnost ako ostanu u svojim domovima, a ovi su ih poslušali. I tako je i bilo prva četiri mjeseca sukoba izmedju HVO-a i ARBiH, niko ih nije ni dirao. Bosanska armija je kasnije napravila i bazu u Grabovici, koja im je koristila kao pogodno mjesto za vojsku koja je išla na deblokadu Mostara i uglavnom nikada nije dolazilo do nesporazuma izmedju lokalnog stanovništva i vojske. Čak su se u neke kuće u Grabovici, doselile i muslimanske izbjeglice iz Hercegovine, ali ni one nisu imale nikakvih problema sa mještanima. Jedni drugima su išli na kahvu, družili se medjusobno i zajedno željeli da ova grozna vremena što prije prodju i da se nikada više ne vrate. Pa otkuda onda ova ubistva, pitao se Ibrahim. Prema Pašaginim riječima, sve je krenulo pogrešnim tokom kada su u Grabovicu došle specijalne jedinice Prvog korpusa ARBiH, iz Sarajeva, kao ispomoć ostalim korpusima u deblokadi Mostara. Kroz nekoliko dana Grabovica je bila pretijesna da primi svu tu vojsku i izbjeglice, pa su poneki vojnici čak i spavali zajedno sa mještanima u njihovim kućama.

Ibrahim je čučnuo pored priklanog tijela i počeo da mu pretura po džepovima tražeći ko zna šta. Onda je podigao pogled prema Pašagi, pa ga upitao;

-I kažeš, ubili ga zato što je Hrvat?

-Da.

-Kako si siguran u to?

-Znam. On je bio jedan od stražara na punktu Armije BiH i pošao je preko mosta kada je začuo pucnjeve iz sela. Na mostu su ga zaustavili, tražili dokumente i kad su vidjeli da je Hrvat, jednostavno ga priklali.

-I kažeš, te jedinice su bile iz Sarajeva?

-Da, većinom nadrogirano i pijano. Jedan od mještana ih je primio u svoju kuću, nahranio, napojio i onda je jedan od tih vojnika, na nekoj slici koju je domaćin držao na zidu, prepoznao vojnika u HVO uniformi. Bio je to sin od domaćina, koji je otišao sa ostalim Hrvatima u njihovu vojsku i tako je počelo. To je valjda bio okidač. I onda su išli od kuće do kuće i.... - tu je Pašagin glas zadrhtao, nije mogao više, a i nije bilo potrebe. Ibrahimu je bilo mnogo jasnije.

-Ovdje se desilo mnogo veće sranje nego što smo mislili, moj Ibrahime - došapnuo mu je Šaban.

-Izgleda - odgovori tiho Ibrahim.

-I šta ćemo sada?

-Ono što nam je i nadredjeno. Provjerićemo koliko je ubijeno, pronaći ko je odgovoran, prijaviti ga i zatvoriti sve prilaze ka ovome mjestu dok to ne obavimo.

Šaban je šutio, činila se nemoguća misija, ali je poznavao Ibrahima, taj kad se lati nečega, neće se smiriti dok to ne završi. I to ga je plašilo. Magla se već dobrano digla i sunce je stidljivo izvirilo iznad brda oko Grabovice. Pogled na selo je već bio jasniji, pogotovo na kuću u kojoj je Ibrahim prespavao proteklu noć. Na njenom zidu, tik iznad ulaznih vrata, velikim crvenim štampanim slovima stojalo je napisano ALLAH JE NAJVEĆI!

- Dođite - pozvao ih je Pašaga i zaputio se sokakom koji se pružao diljem Neretve, nakon nekoliko metara ušli su u neku kuću koja se ni po čemu nije razlikovala od kuće u kojoj je Ibrahim prespavao sinoćnju noć. Na samom ulasku kroz vrata stigli su u dnevnu sobu, više prljavu nego čistu,ali to nikome nije bilo ni bitno. Negdje u tami sobe, na podu je ležao ljudski leš, prekriven ćebetom. Pašaga je nezastajkujući prošao pored njega i stepenicama se popeo na kat kuće,Ibrahim i Šaban su takodje nezastajkujući, išli za njim, dok su Haso i Huso, ostali pred kućom. Pašaga ih je uveo u tamnu sobicu u koju sunce još uvijek nije moglo da dopre od okolnih brda, u kutku te sobice, na hladnom podu, sklupčana je sjedila ljudska silueta. Bila je to žena. Ili nešto nalik na nju. Tiho je jecala, a kao da je vrištala, kao da su diljem svijeta mogli da čuju. Raščupana duga crna kosa neuredno je padala preko njenih ledja, dok je njeno lice bilo skriveno medju sopstvenim koljenima koje je objema rukama stisla, kao da su joj ona jedina zaštita od nečega ili nekoga. Nije dizala pogled kada je Pašaga zajedno sa Ibrahimom i Šabanom ušao u sobu. Nekoliko sekundi su gledali u tu žensku siluetu u uglu prašnjave sobe, drhtala je, nekontrolisano se tresla. Pašaga je stravičnim pogledom pogledao u Ibrahima i rekao;

-Silovali su je.

Ibrahimu je bilo jasnije, kleknuo je pored nje i stavio ruku na njeno rame, a ona se na njegov dodir još više počela da trese i plače. Upitao ju je;

-Znaš li ko ti je to učinio?

Nije dobio odgovor. Bila je nesposobna da bilo šta kaže, a Ibrahim još nesposobniji da joj postavi bilo kakvo pitanje. Znao je, šta uopšte može da pita osobu koja je prošla kroz nezamislive patnje, šta da joj kaže, pa da je utješi, šta da učini da prestane da plače? Uzeo je ćebe sa obližnjeg kreveta i pokrijo je njime. Osjetio je koliko drhti i znao je da od nje ne može izvući nijednu riječ. Podigao se na noge i glavom dao znak Pašagi da izadju iz sobe;

-Čiji je leš dole u sobi?

-Njenog muža. Silovali su je pred njim i tjerali ga da gleda, pa ga poslije ubili.

Ibrahimu se odjednom smučilo. Brzim korakom je izašao iz kuće, činilo mu se da će povratiti, a nije htio pred svima. Začudio se sam sebi, kako on kao iskusan borac ima taj poriv za povraćanjem, a nagledao se do sad svega, pa čak i ubio drugog čovjeka, ali ovo....Hladna, mračna prašnjava soba, neka jadnica koja se u uglu nje trese poput pruta i dole, sprat niže, mrtvo tijelo njenog dragog, leži prekriveno dekom, dok se sunce svim silama trudi da se probije kroz prašnjave prozore stare kamene kuće. I da, povratio je. Svi su ga posmatrali kako povraća, a niko nije smio da mu kaže ijednu riječ. Šaban mu je prišao, stavio ruku na rame i rekao;

-Majku im jebem, koji bolesnici su mogli ovo da urade?

-Ako mislite da je ovo sve, grdno se varate - doviknuo je Pašaga i rukom im dao znak da krenu za njim. U kući pored zatekli su još gori prizor. Na samom ulazu, na raspeću skovanom od nekih dasaka, bilo je prikovano obezglavljeno ljudsko tijelo, a odsječena glava nabijena na kolac pokraj raspeća. Bilo je strašno gledati, ali ovaj put niko nije povratio. Malo dalje, prema obližnjoj štali, ležalo je još nekoliko tijela. Ibrahim se zaputio ka njima. Svi su bili civili, žene i ono što ga je šokiralo, izmedju njih ležalo je i tijelo malene djevojčice, ustrijeljene tačno u lice!

Zažmirio je.

Bože, je li ovo moguće, ponovio je u sebi. Koljena su počela da mu se tresu, sjeo je na zemlju i dozvao Šabana;

-Daj mi cigaru!

Šaban se isprva začudio, jer Ibrahim nikada nije ni pio ni pušio, ali kada je ugledao mrtva tijela po dvorištu ove kuće, shvatio je i bez pogovora požuri da mu da cigaretu. Ibrahim je žudno gutao dim cigarete, kao da ga nije ni ispuštao iz sebe. Svoju prvu cigaretu u životu ispušio je na tri put, pa ubrzo zatražio još jednu. Šaban je sjeo pored njega i ćutljivo gledao oko sebe. Nije znao šta da kaže. Baš netipično za njega, uvijek je volio da priča, čak i onda kada ga niko ništa nije ni pitao, ali sada....sada nije mogao. Iz sela se dizao crni dim, a Neretva je pričala sve tiše i tiše, kao da je shvatila da njen govor niko ne razumije, pa ni u čemu više nije vidjela neku svrhu. A Ibrahim, kao da je pokušavao da oslušne šta ima da mu kaže, jer je znao da je ova rijeka jedini pravi svjedok krvoplića koji se desio u ovom selu. Nakon i treće ispušene cigarete, Ibrahim se podigao na noge kao da se ništa nije ni dešavalo, kao da upravo u sebe nije prvi put u životu udahnuo dimove duhana, koji bi i jačega oborili s nogu, i rekao Šabanu;

-Idemo, puno posla je pred nama.

Ubrzo su mrtva tijela mještana Grabovice skupljena na jedno mjesto. Svi su bili civili, osim onog jadnika kojeg su priklali samo zato što se drukčijem Bogu molio, iako je bio pripadnik iste vojske kao i zločinci koji su ovo počinili. Taj dan je bio najgori dan u Ibrahimovom životu. Pogledao je tamo preko rijeke, u magistralni put, i pokušavao da se sjeti onoga dana kada se sa Ivanom i svojim sinovima vraćao od tasta iz Šibenika, pa mu negdje ovdje golf stao pored puta. Pokušavao da se sjeti starog Mladenke, koji mu je ponudio pomoć, a da ga Ibrahim nije stigao ni priupitati za istu. Dobre Ruže, vesele i tihe domaćice, koja je njegovu djecu nudila ićem i pićem, Ante, koji mu je popravio auto, a ništa nije tražio zauzvrat....Osjetio da se među ovim stijenama i rijekom nešto čudno skriva, ali nije znao šta. Mislio je da je Bog, ali Boga ovdje definitivno nije bilo. Mislio je da je ovo raj na zemlji, ali sada zna da je raj zamijenio paklom, dženet dženetom i da je umjesto Boga, ovdje spoznao vraga. Stojao je pored Neretve i posmatrao mjesto na koje su vojnici redali tijela ubijenih mještana Grabovice. Izbrojao ih je više od trideset, tačnije tridesettri ubijena civila, ni zbog čega. Nizašto. Pušio je, nije ni znao koja je cigareta po redu, bila među njegovim prstima, samo je želio da ovaj dan što prije nestane i više se nikada ne vrati.

Prišao mu je Šaban i rekao; -Gotovo je, to
su svi pobijeni.
-Koliko?

-Tridesettri.

Ibrahim je zažmiro, a Šaban nastavio;

-Ne mogu da vjerujem da su ovo naši učinili.

Ibrahim ga žestoko udari pogledom, da se Šaban pokolebao.

-Ovo nisu naši! Vojnik koji ubije bespomoćnu djevojčicu nije moj! Vojnik koji obezglavi starca od sedamdeset godina, pa ga prikuje za križ, nije moj! Vojnik koji siluje ženu pred njenim mužem, nije moj! Vojnik koji ubije svog suborca samo zato što se drukčije zove, nije moj!! Shvati to Šabane, i nemoj da mi ikada više kažeš da su ove životinje moje, je l' jasno?!

Šaban je ustuknuo, znao je da nije pametno Ibrahima nervirati.

-Dobro, dobro - rekao je tiho, spuštenog pogleda ka zemlji.

-I zovi mi onog Pašagu ovamo - naredi Ibrahim, a Šaban ode kao da je jedva čekao da ode od iznerviranog Ibrahima. Ubrzo se pojavio Pašaga, a za njim Šaban.

-Ko je komandujući ovoj hrpi vojske ovdje? - strogo ga upita Ibrahim.

-Dedić, ali on vjerovatno nije ovdje....

-Nego gdje je?

-Više je po Sarajevu nego ovdje sa vojnicima.

-Pa, ugovori mi onda sastanak sa njegovim zamjenikom , majku mu jebem! - zagalami Ibrahim.

Šaban se trznu. Prvi put je čuo Ibrahima da psuje, a znao je da je Ibrahim mrzio čak i njega kada bi nešto opsovao. Bilo mu je to malo smiješno, ali na kraj pameti mu je bilo da se smije. Pašaga se brzo okrenu i ode, valjda je i on shvatio da je Ibrahim iznerviran i da mu nije pametno proturiječiti, a Ibrahim je , kada je Pašaga otišao, iz džepa izvadio svežanj njemačkih maraka, bacio ih Šabanu i rekao;

-Idi nadji mi negdje cigara, nije fer da od tebe stalno uzimam.

...

Noć je polako padala, odjednom se začulo kucanje na vratima stare hercegovačke kućice.

-Naprijed - doviknuo je glas iz kuće.

U kuću je ušao Pašaga, nikoga nije bilo sa njim. Ibrahim je sjedio za stolom i pušio, pored njega sjedio je Šaban. Huso i Haso su pored rijeke čuvali leševe pobijenih mještana. Pašaga je upitao;

-Jeste li spremni?

Ibrahim je ustao, gaseći cigaretu od pepeljaru i uzimajući automat sa stola, pa se zajedno sa Šabanom uputio za sirotim Pašagom, kojemu je ovaj dan vjerovatno bio jedan od napornijih dana u životu. Poslije cjelodnevnog skupljanja leševa po Grabovici sada pomalo uplašen korača ispred Ibrahima i Šabana i vodi ih na sastanak sa nekim od komandujućih, u ovome mjestu. Ibrahim nije ni znao s kime će se susresti, a nije ga to ni interesovalo, a Pašaga je šutio, želio je samo da što prije dovede jednu stranu ka drugoj i da nestane iz vidokruga. Doveo ih je u nešto nalik domu mjesne zajednice ili tako nešto, noć je već pomalo padala na kanjon Neretve, pa Ibrahim nije najbolje ni raspoznao gdje ulazi. Ispred te oronule zgradice bio je parkirano nekoliko vojnih vozila i desetak vojnika koji su stojali pored njih i pušili cigarete, ali Pašaga je uz stidljivi pozdrav prošao pored njih i pokucao na vrata gradjevine u kojoj se trebao održati sastanak Ibrahima i.....niko nije znao koga. Iz unutrašnjosti se začuo glas;

-Udji!

Pašaga je otvorio vrata i ušao, za njim su ušli Ibrahim i Šaban. Prostorija u kojoj su se nalazili bila je veoma prostrana, puna duhanskog dima i zaudarala je na alkohol. Na sred prostorije običan stol za kojim je sjedilo nekoliko uniformisanih osoba, a nekoliko metara dalje, za drugim stolom sjedilo je njih još šestsedam. Pašaga se brzo okrenuo i nestao nakon što je obavio svoj zadatak, a Ibrahim i Šaban su ostali stojeći na sred široke prostorije. Odjednom se iz oblaka duhanskog dima začuo glas;

-Znači, to je taj Ibrahim!

Ridjokosi muškarac ustao je i nasmiješeno počeo pljeskati rukama, ostali su samo šutjeli i gledali ka Ibrahimu.

-Pa koja je ovo velika čast, ljudi moji, ispred nas stoji slavni Ibrahim, čovjek koji se nikoga i ničega ne boji. Ajde, sjedi, sjedi....

Privukao mu je stolicu, njegovih nekoliko zlatnih zubi koje je imao, već su isprva pobudile sumnju kod Ibrahima da se radi o nekom vojnom licu, jer Ibrahim ga nije poznavao, a ovi svi u prostoriji mogu biti bilo šta osim profesionalnih vojnika. Bolje reći da su profesionalne ubice koje su Ibrahima očigledno je, poznavale. Ridjokosi je nastavio malo ozbiljnijim tonom;

-Vjerovatno me ne poznaješ, jel tako?

-Tako je.

Pomalo uvrijedjeno se osmjehnuo.

-Nema veze, možda je i bolje da me ne poznaješ hahahahaha

Počeo je da se smije, a nekoliko vojnika mu se pridružilo u tom njegovom priglupom cerekanju. Ponovo je napravio ozbiljnu facu, pa nastavio; -Tražio si sastanak?

-Jesam, sa glavnokomandujućim ovoga mjesta.

Ridjokosi je raširio ruke.

-Pa taj sam. Izvoli, kaži, šta treba.

Ibro ga je pažljivo osmotrio, ako do sada nije bio sasvim siguran, sada jeste. Uopće se nije radilo o vojnom licu. Shvatio je zašto je Pašaga odmah istrčao iz ove prostorije, zašto je putem šutio i nije smio ništa da priča. Bojao se ovog ridjokosog. Ima smisla. Ibrahim je izvadio kutiju cigareta iz džepa i pripalio, Šaban je do sada već naučio da kad Ibrahim pripali, da je uznemiren, a kada je Ibrahim uznemiren, neće se na dobro završiti.

-Ovdje sam jer su me iz komande poslali da ispitam šta se ovdje dešavalo. - poče Ibro da govori, a očigledno da je ridjokosi već unaprijed znao ko je Ibrahim i zašto je ovdje.

-Pa ništa se nije desilo - reče ovaj cerekajući se.

-Tamo vani imamo 33 mrtva civila, to nije ništa.

-Pa?

Ibro dade znak glavom da ga ne razumije, a ridjokosi nastavi;

-Koga briga za nekoliko ustaša, ni oni se baš ne brinu kada ubijaju muslimane.

-Znači, hoćemo da budemo kao ustaše? - upita Ibro.

Ridjokosi ponovo poče da se cereka pokazujući svoje iritantne zlatne zube. Ustvari kao da je svake minute mijenjao raspoloženje. Čas nasmiješen, čas mrtav hladan, čas bi ustajao sa stolice, čas sjedao na nju, vrpoljio se, gledao u tipove koji su bili sa njim, a čas u Ibrahima kako sjedi sa druge strane stola i hladnokrvno puši cigar. Kao da ga je iritiralo što Ibrahim ne pokazuje nikakve znakove straha na licu, pa reče;

-I šta sada?

-Moram da znam ko je odgovoran za ovaj masakr. - reče Ibro paleći još jednu cigaretu iako mu druga u pepeljari još nije ni dogorjela.

-Zar je bitno?

-O, jeste, veoma je bitno.

-Zbog čega?

-Pa recimo da sam čovjek koji voli da ispuni zadatak koji dobije.

-Znam ja dobro Ibro, ko si ti, ali ti ne znaš ko sam ja. - to ga je valjda još više iritiralo.

-I ne interesuje me - reče Ibro hladno, dok je Šaban stojao pored njega i osjetio kako mu se ruka znoji na dršci puškomitraljeza, svaki čas moglo je da bukne. I ptice na grani su znale da su ovi tipovi upravo oni tipovi iz Sarajeva koji su odgovorni za smrt tridesettri nevina civila u ovome mjestu. Oprezno je posmatrao desetak vojnika koji su sjedili iza ridjokosog i koji su do zuba bili naoružani, jer ovo su oni trenuci kada je bio dovoljan ijedan mali pogrešni korak, pa da dodje do pucnjave. I Šaban je znao da su ovi tipovi mogli biti sve osim vojnici i da im ništa nije sveto. Jebe se njima i za Alijom, i za Bosnom i Hercegovinom i za muslimanima i za armijom, njima je najbitnije da napune sopstvene džepove, a državu i narod, ko jebe. A Šaban je izrazito mrzio takve, a pogotovo Ibrahim, koji je mirno sjedio u stolici ispred i nije skidao pogled sa ridjokosog, da je njemu već pomalo bilo i neugodno što ga ovaj tako oprezno posmatra. Ridjokosi se okrenuo ka muškarcu u kožnoj jakni i francuzicom na glavi, koji je sjedio pored njega i nešto mu došapnuo, a ovaj mu kimanjem glave kao, dao do znanja da ga shvaća, pa se onda ponovo nasmiješeno obratio Ibrahimu;

-Vidi ovako Ibrahime, imamo sumnje da znamo ko je počinio ovo zlodjelo i već smo i sami pokrenuli istragu o tome, ali sada je kasno da o tome pričamo, ajde da popijemo koju čašicu hercegovačke rakije, pa ćemo sutra zajedno potražiti ubice, šta misliš?

Ibrahim mu nije povjerovao nijedno slovo što je rekao, očigledno je bilo da nešto mute, a nije znao šta. Medjutim, ni Šaban ni on nisu bili svemogući, pa da savladaju desetak do zuba naoružanih vojnika, bolje reći kriminalaca, a pogotovo i one koji su vani, pa iako mu je prijedlog ridjokosog, da sutra zajedno pronadju ubicu bio sumnjiv, ipak je imao više izgleda nego da sada nastavi po svemu i izazove pucnjavu. Ako ništa, sutra će barem biti spremniji nego sada. Ugasio je cigaretu u pepeljaru i rekao ustajući sa stolice;

-Ne pijem alkohol, ali slažem se sa tobom, neka jutra su pametnija od večeri, pa se vidimo sutra. - i zaputi se ka izlazu, ali prije nego što je došao do vrata, zaustavio ga je glas od ridjokosog koji je stojao pored stola; -Zar te i dalje ne zanima kako se zovem? Ibrahim se okrenuo ka njemu i kratko rekao;
-Ne, baš.

I izašao iz prostorije ostavljajući uvrijedjenog ridjokosog u sali punoj duhanskog dima. Vidjelo se kako gnjev izbija iz njegovog lica, gnjev kakav te noći nije smio da prikaže pred Ibrahimom. Muškarac u kožnoj jakni je prišao ridjokosom i upitao ga;

-Ko je ovaj?

-Ibrahim - reče ridjokosi još uvijek gledajući ka izlaznim vratima.

-Ko je Ibrahim?

-Tip koji sam samcat, jednim nožem očisti četnički rov bez po muke.

-Želiš li da ga se riješim?

Ridjokosi ga je pogledao.

-Nemoj, najbolje je sa njime ništa ne imati, ne treba nam on sada. Pusti, sutra ionako odlazimo odavde.

-Kako želiš - reče tip sa francuskom kapom na glavi i vrati se nazad viskiju i cigaretama na stolu.

Ibrahim i Šaban su se polako vraćali nazad pomalo i zabrinuti dogadjajem kojeg su te noći doživjeli. Topla jesenja noć koja je padala na Grabovicu kao da ih je prisilila da šetaju tim lijepim hercegovačkim selom koji se pružao diljem Neretve ili su sporo hodali zbog toga što su jedan drugome imali nešto da kažu poslije susreta sa "glavnokomandujućim":

-Vjeruješ li im, Ibrahime? - upitao je Šaban.

-Nikako.

-Misliš da su oni napravili ovaj pokolj?

-Vjerovatno.

-I šta ćemo sada?

-Idem odspavati, u jednom danu sam opsovao i počeo da pušim, za mene predosta - reče Ibrahim, pa nastavi; ti idi dole do rijeke, kaži onoj dvojici sa Romanije, da se večeras mijenjaju na straži.

Šaban je poslušao i krenuo ka obali Neretve, ostavljajući Ibrahima samog da produži prema kući u kojoj su spavali, ali on je usporio kada je ostao sam i sjeo na kamenu ogradu pored puta. Poneka silueta mještanina ili vojnika bi tiho prošla pored njega i izgubila se u mračnoj ulici, a Ibrahim je napokon odahnuo.

Kakav djavolski dan, pomislio je i pripalio novu cigaretu. Brzo se navikao na dim cigarete i osjetio bi kako opušta i opija njegovo tijelo svaki puta kada bi ga udahnuo u sebe, a odavno ništa nije moglo da ga opusti. Pomislio je na Ivanu i koliko mu nedostaje njen miris i njen zagrljaj, koliko mu nedostaju Zlatan i Amar, pa čak mu nekako nedostaje i udar projektila u Sarajevo. Osjetio je da mu je i jedan dan na ovome mjestu previše, pogotovo ovakav dan. Bilo ko bi teško ovo podnio. Ponovo je krenuo putem ka kući razmišljajući šta čovjek može da uradi čovjeku i da uopće nema razlike medju ljudima. Svi su ljudi životinje, pa čak je i on, Ibrahim, životinja. Osjeća da u sebi ima nešto životinjsko, ali se iskreno trudi obuzdati tu životinju u sebi. Nikada se više nije iznenadio kao onoga dana kada je shvatio da u njemu čuči životinja, koja vrlo lahko može postati krvoločna, ako je na to natjeraju. Kao i svaki čovjek na svijetu tako se i Ibrahim trudio da je sakrije, ali ova vremena ne znaju da budu tiha, lupaju i dižu buku sve strane i ne dopuštaju da životinje u ljudima zaspu. I sada je kasno. Jebi ga. Opet psovka. Čudno.

Ispred ulaza u kuću, stojala je neka silueta i čekala vjerovatno njega, pomislio je. I baš kad je odlučio da joj se nečujno prikrade iza ledja, uvidio je da se radi o ženi! Bila je nervozna i nije mogla da se smiri. Crna marama na njenoj glavi smetala mu je da je prepozna, ali ubrzo nakon što joj se približio uvidio je da se radi o silovanoj
ženi koju je danas posjetio. Čim ga je vidjela, rekla je tiho;

-Pusti me unutra.

Ibrahim joj je otvorio vrata, a ona je na brzinu ušla i sjela za stol.

-Ne pali svjetlo - rekla je iz mraka.

Ibrahim je poslušao, primakao stolicu bliže njoj i sjeo.

-Jesi li dobro? - upitao ju je, iako mu se to pitanje činilo glupim.

-Želim da te zamolim za uslugu - reče ona.

-Reci?

-Želim da me još večeras prevezeš na onu tamo stranu, gdje je HVO. Platiću ti, imam nekog novca i zlata.

Ibrahim se začudio njenom molbom, a ona kao da je to primjetila, pa nastavi plačući;

-Plašim se ovdje, ali nije to jedini razlog, želim da odem, da ne dozvolim da ih zaboravim. Ne želim da umrem ovdje i da zajedno sa mnom umre kazna za te zlotvore.
Znam da neće odgovarati ako ovdje ostanem.

-Koga da ne zaboraviš?

-One koji su mi ovo učinili, koji su me silovali pred mužem kojeg su kasnije priklali pred mojim očima.

-Ko ti je to učinio? - upita je Ibrahim.

-Molim te, znam da si njihov, ali osjetila sam da mogu tebi da se obratim.

-Nisam ja njihov.

-I šta ćeš da uradim ako ti kažem ko mi je ovo učinio? Uhapsit ćeš ga? Privest ga jer je silovao neku ustaškinju? Ma hajde, molim te. Spremna sam da ti dam cijelu uštedjevinu mog pokojnog muža, samo me prevedi na onu stranu. Ne ostavljaj me ovdje, molim te - i njen plač još glasnije poče da reže mrak.

Ibrahim se sažalio nad njom.

-Neću tvoj novac.

Ona ga pogleda.

-Jel' to znači da pristaješ?

-Ako mi kažeš ko ti je ovo učinio.

Ona ušuti i odjednom poče da plače još jače i žešće.

-Bilo ih je više....prestala sam da brojim kod trećeg....ali....ali, jednog od njih posebno pamtim.....imao je odvratan zadah....Bože, kako je odvratno smrdio.....ispuštao je iz sebe smrad kroz zlatne zube....

-Jel' bio ridjokos?

Ona je plačući dva-tri puta kimnula glavom.

-Jeste, jeste....on je kasnije, nakon što me silovao, prišao mom Mariju... tu predamnom....i....i.....

Ibrahim je privuče k sebi i zagrli.

-Ne brini, bit će sve OK. Kako se zoveš?

-Ivana!

Ibrahim je zašutio. Zvala se Ivana, baš kao i njegova Ivana i sigurno je ispod ove crne marame bila lijepa kao i njegova Ivana. Sve Ivane na svijetu su lijepe, ljepša od ljepše i nikad nije upoznao neku Ivanu koja nije lijepa. Kad bi postojao neki svijet u kojem žive lijepi ljudi, kraljica tog svijeta bi se zvala Ivana. Ibrahim je ustao i rekao;

- U redu, Ivana, idemo.

Njena dva crna oka su bljesnula ispod marame, upitala ga je nevjerujući šta čuje;

-Jel' to znači da ćeš me odvesti?

-Znači.

Brzopleto je iz namučenih njedara izvadila neku maramu, u kojoj su bile umotane dragocjenosti poput zlata i novca, i pružila ih Ibrahimu;

-Uzmi, uzmi, to je sve što imam, nadam se da je dovoljno.

-Rekao sam ti, neću tvoj novac. Ostavi to sebi.

Pogledao je na sat, pa rekao;

-Hajde, ustani, idemo.

Ubrzo je vojni džip hitao ka Mostaru i liniji koju je držao HVO. U njemu su bili samo njih dvoje. Isprva su se vozili u tišini, sve dok ga ona nije pogledala i rekla;

-Dobar si čovjek, znaš.

Ibrahimu je to zvučalo glupo. Žena koju su dan ranije silovali, sada mu udjeljuje kompliment, a da je neke pravde na ovome svijetu, ova žena se sada ne bi pod okriljem mraka iskradala iz mjesta u kojem je živjela i ne bi morala da se zahvaljuje nekome samo zato što pokušava biti čovjek. Ibrahim je šutio, ona je nastavila sa pitanjima; -Odakle si?

-Iz Sarajeva.

-Jesi li oženjen?

-Jesam.

-Kako se zove?

-Ko?

-Pa tvoja supruga.

Ibrahim je ponovo zašutio, nije znao šta da kaže. Ovaj dan iza njega je baš bio čudan dan, većinu njega nije znao šta da kaže. Kakvi su to uopće dani kada ne znaš šta da kažeš, pa kao da je bolje da ih prešutiš. Ili šta da kažeš silovanoj ženi kad te pita kako ti se zove supruga, a zove se upravo poput nje? Onda će pomisliti da si joj pomogao samo zato što se zove poput tvoje supruge, a ne zbog toga što pokušavaš biti čovjek i što činiš stvar koju bi svaki čovjek na svijetu i uradio, pa je Ibrahim zato slagao;

- Mirela, zove se Mirela.

Ona nasloni glavu na hladni prozor vojnog džipa i sa pogledom uprtim negdje u tamnu daljinu, reče;

-Lijepo ime.

-Da. Lijepo ime - odgovori Ibrahim.

Tu noć je Ibrahim preko svojih veza uspio da prebaci Ivanu na drugu stranu, na kojoj se nalazio HVO.

Nekoliko mjeseci poslije, Ivana je u mostarskoj bolnici izvršila samoubistvo.

...

Glasni koraci su odzvonjavali penjući se stepenicama praznog i prljavog haustora na Bistriku, sve dok se nisu zastali pred vratima pred koja su i došli. Potom su se začuli potmuli zvuci udaranja ruke od vrata, pošto je očigledno zvono bilo u kvaru. Muška silueta u donjem vešu i prljavoj potkošulji trgnula se u krevetu i mrzovoljno krenula da otvori vrata. Bilo je podne i muškarac je idući ka vratima pokazivao očigledne tragove neprospavane noći iza njega. Pogledao je kroz špijunku na vratima, ali nikoga nije vidio sa druge strane, pa je još uvijek pospan, progovorio; -Ko je?

Glas sa druge strane vrata je odgovorio;

-Ja sam, otvori!

Jednim pokretom ruke ključ je škljocnuo u ulaznim vratima i ne čekajući da gost zakorači u njegovu jazbinu, muškarac u staroj i izderanoj potkošulji se zaputio unutar stana. Tromim koracima se dogegao u kuhinju, ili nešto nalik na nju, i iz raspadnutog kredenca izvadio flašu skupocjenog viskija iz koje je, nečekajući gosta da udje u njegov stan, halapljivo potegao dva-tri gutljaja, pa tek onda sjeo za drveni kuhinjski stol.

-Izlaziš li napolje? - upitao je gost stojeći na vratima kuhinje, ali domaćina kao da i nije bilo briga zbog toga. Potegao je još nekoliko gutljaja viskija i iz kuhinjske ladice izvadio polupraznu kutiju cigareta. Pripalio je i tek nakon par uvučenih dimova okrenuo pogled ka gostu i rekao;

-Koga boli kurac, ba?

Neiznenadjen njegovim odgovorom gost pridje ka prozoru, podiže stare roletne i sarajevsko proljetno sunce naglo se probi u mračni stan. Gost sjede za kuhinjski stol i bez pitanja iz ruku domaćina uze polupraznu kutiju cigareta, izvuče jednu, zapali i progovori;

-Znaš, Ibrahime, ne možeš više ovako.

Mahmurni komad mesa i kostiju je bio nezainteresovan za sve oko sebe, ćutljivo je posmatrao sarajevske zgrade kroz prljavi prozor, kao da prvi puta svjedoči ovakvom pogledu. Ali moguće i da jeste, ko zna kada je zadnji put podigao roletne sa prozora i dopustio da svjetlost prošeta njegovom jazbinom. Tako ju je barem zvao.

-Šta hoćeš? - upitao je pomalo drsko gosta.

-Neću ništa, došao da vidim kako si.

-Ona te poslala?

-Nije.

-Zar ćeš i ti da me izdaš, Šabane? - zagalamio je Ibrahim.

-Niko ne želi da te izda Ibrahime, smiri se.

-Ta kurva koja se tuca po Sarajevu te vjerovatno poslala da me špijuniraš, majku vam jebem objema, a ti ko pička pristao da izdaš svog ratnog druga, jel?

-Ne seri ba, došao sam da te vidim, jer se brinem za tebe. Priča se da ne dolaziš na terapije i da ne ideš doktoru.

-Ma, ko jebe doktora. Oni misle da sam ja budala i ne volim tamo da idem, šta ću im ja? Da sjedim za stolom sa nekim pičkicima i pričam o tome šta sam sinoć sanjao? Ko im jebe mater, ba.

Šaban pogleda u Ibrahima, bilo je očigledno na njegovom licu da nije dobro i znao je to svako ko je poznavao Ibrahima, ali sada....Kao da je ispred njega sjedila bezvoljna vreća kostiju kojoj nije stalo ni do sebe, ni do drugih. PTSP ga je poderao i dere ga još uvijek, svake noći. I gledati onog kojeg voliš kako umire, a još je hoda i diše, ogromna je kazna.

-Kako si spavao? - upita Šaban zabrinutim glasom.

Ibrahim obori pogled i cigareta medju njegovim prstima zadrhta. -Nikako.
-Pa zar nije bolje da odeš doktoru?

-Nije.

-Dat će ti neke tablete od kojih će ti biti bolje, očigledno je da ne spavaš kako treba. Pogledaj se, jebote, batali taj alkohol malo.

-Pusti me ba.

-Vidi Ibro, kad je trebalo da budeš brižan otac, bio si. Kad je trebalo da budeš dobar borac, bio si, sad pokušavaš da budeš propalica i to ti izgleda ide od ruke.

Ibrahim zašuti, znao je da Šaban ima pravo, ali toliko se plašio ponovo da izadje medju raju, da ponovo prošeta šeherom i da sa osmijehom pozdravlja i znane i neznane na koje naidje. Kao da je osjećao da u njemu vide koljača, protuhu kojem je žena nabila rogove i koga su rodjeni sinovi ostavili, a on se plašio kao nikada do tada. Strah je najveća droga, kada jednom u njega zapadneš, teško se izvući. A on se plašio, toliko se plašio tudjih pogleda oko sebe, koji kada ga pogledaju, kao da sve znaju i šta je radio, i čemu je svjedočio i kako se tijelo na samrti grči i odaje svoje posljednje znakove da još bivstvuje na ovome svijetu. Čovjek kad uvidi da nije velik, da ljudi oko njega nastavljaju sa svojim životom, da se bore za sopstveni osmijeh, shvati kolika je on kukavica. Cijelo Sarajevo u Ibrahimu vidjelo heroja, dok je za Ibrahima heroj bio onaj koji se poslije svega smije, kao da se ništa nije desilo. A on ne može. Zatekao bi ponekad sam sebe kako tjera sopstvene usne da se razmaknu u grimasu koju nazivaju osmjehom i počeo bi da plače kada bi shvatio da mu to ne uspjeva. Hladno kupatilo, još hladnije pločice i plač koji odzvonjava njima. Voli da plače u kupatilu jer tu najjasnije čuje strah koji tutnji njime.

Pogledao je u Šabana, kao kad ponizan pas pogleda u gazdu i kroz oči mu govori, spasi me, nahrani me....ne ostavljaj me samoga, ali nije imao snage da to prevali preko usana. A Šaban kao da je znao i zato nije htio da ga ostavi.

-Hajdem ustani, donijet ću ti nešto da obučeš - reče Šaban i zaputi se u jednu od soba. Vrata su bila zatvorena i taman što je uhvatio za šteku, Ibrahim povika glasno; -Neee, ne ulazi u tu sobu!

Šaban začudjeno zastade.

-Zbog čega? Šta nalazi ovamo?

-Nije tvoj problem, vrati se nazad - reče Ibrahim i nabaci na sebe neku jaknu, obuče neke stare pantalone i sa Šabanom krenu vani.

Sarajevo je čudan grad, poslije rata se više nije moglo ni prepoznati, ali niko, pa ni Ibrahim nije mogao sa tačnošću da utvrdi kojeg dana je Sarajevo prestalo da bude ono staro olimpijsko Sarajevo. Jal' onomad kada su zlotvori sa brda ubijali njegove stanovnike koji su stojali u redovima za hljeb, kada su snajperima skidali njegovu djecu kao glinene golubove ili kada su onomad došli pred njegovu zgradu, dok se on po hercegovačkim uzavrelim ratištima borio za ovu državu, i naredili da svi njegovi stanovnici nebošnjaci izadju i....... Nije znao šta je gore, agresori koji te napadaju i žele da te ubiju jer se drukčije zoveš ili domaća mafija koja želi da zarije sopstvene zube u meso koje se trudi pokazati da njemu nema veze kako se ko zove i kako se ko preziva. Ustvari, mafija je najsavršeniji prototip demokratije, gdje nije bitno kako se zoveš, kako se prezivaš, kojem se Bogu moliš i je li ti djed uistinu prodao vjeru za večeru, sve dok radiš ono što se očekuje od tebe. Kao demokratija. Zakon je mafija, mafija je zakon, ljudi su nebitni i sve je nebitno osim čaše skupocjenog viskija i original cigarete u tudjim ustima. Ibrahim ih nikada nije znao razlikovati, agresore i mafiju. Isti kurac.

Šaban ga je vodio držeći ga za ruku, kao da sa sobom vodi nekakvog bogalja, ali pokušavao je to da skrije kako mnogi prolaznici koji su prolazili pored njih ne bi vidjeli da sa Ibrahimom nešto nije u redu. Mada on i ne pamti kada je zadnji put prošetao šeherom. Čudio se ljudima oko sebe koji su mu se osmjehivali u prolazu i mrzio ih iz dna duše što mogu bezbrižno da se smiju.

Molio je Boga da naidje neko ko će mrko da ga pogleda, a bilo je i takvih. I nekako bi se na trenutke smirio, srce bi počelo da tuče normalnim ritmom, bez pretjeranog ubrzanja, bez polomljenih kostiju i izvadjenih očiju na tijelu koje se još uvijek mrda.....i ponovo nazad. Život mu je postao hrpa spontano nabacanih crnobijelih fotografija na jedno mjesto i nije znao koju prvu od njih da stavi u svoj foto album. Odjednom bi se obreo kako sjedi u dugom, praznom hodniku, kojem odzvonjavaju nečiji koraci što se gube u daljini i pitao bi se otkud on tu. Šta radi ovdje? Šaban bi se pojavio iz vrata pored i rekao;

-Hajde udji, očekuje te. Ja ću te pričekati ovdje. Ispričaj mu šta te muči i da ne možeš da spavaš.

Šaban kao Šaban, pomišljao je Ibrahim, bio je malo simpatičan kada bi pokazivao preveliku brigu za njim. Nije znao otkud to. Čovjek koji živi zajedno sa suprugom, starom majkom i troje djece, toliko se brine o njemu. Zar on nema svoga posla? A možda ga i ja ometam u njemu? Tjeram ga da se brine o meni, a jedva može o onima koje voli. Pomišljao je Ibrahim i prepao bi se kada bi uvidio da Šaban zapostavlja sopstvenu obitelj radi njega.

Ušao je u ordinaciju, za stolom je sjedio postariji tip u bijelom, sa ogromnim naočalima na očima. Njemu bi valjda trebao da ispriča šta ga muči i zašto ne može da spava. Barem je tako Šaban rekao. Ali kako ispričati nepoznatom ono što te boli, tek tako mu ogoliti sopstvenog sebe i dati mu priliku za neodbranjiv napad. Tja, pa niko nije tolika budala. Iako se Ibrahimu činilo da poznaje doktora koji je sjedio za stolom, nije mogao da se prisjeti još jednog lica u svojoj hrpi nabacanih fotografija. Ali izgleda da je doktor prepoznao Ibrahima;

-Dugo te nije bilo, Ibrahime. - rekao je doktor mirno. Ibrahim ništa nije odgovorio, mirno je sjeo na stolicu pored stola i poput osnovca u prvom razredu škole, nemirno trljao šake jednu od drugu.

-Kako si? - upitao je doktor.

-Dobro.

-Spavaš li normalno?

-Spavam.

Doktor ga sumnjičavo pogleda.

-Ne lažeš mi ništa, Ibrahime?

-Ne lažem, zašto bi ti lagao?

-Dobro - reče doktor - saznao sam da ne dolaziš više u grupu za podršku?

-Ma, to su budale.

-Pola zdravlja je kad sa budalama pričaš, Ibrahime.

Doktor nešto zapisa, a Ibrahimu kao da je bilo dosadno, razgledao je bezvoljno po ordinaciji očekujući da odgovara na ona dosadna pitanja, a molio je Boga da doktor Smailagić izbjegne da ga zapitkuje samo o jednoj stvari, ali izgleda da ga Bog nije čuo.

-Kako su supruga i djeca?

-Otišli su.

-Gdje su otišli, Ibrahime?

-Ona, da se tuca sa švalerom, a djeca, ne znam, valjda su sa njom, nemam pojma.

-Kontaktiraš li sa njima, Ibrahime?

-Ne.

-Da li bi volio?

-Ne.

-Zašto?

-Daj, ba doktore, propiši mi te lijekove i terapiju, pa da idem, batali me glupih pitanja, ba.

-Pitanja su terapija, Ibrahime.

-Onda je bolje da idem.

Pokušao je da ustane, ali iskreno, nije mu se išlo. Napokon je našao nekoga s kime može razgovarati, ali se stidio to da pokaže, a doktor Smailagić je bio ugledan psihijatar i bilo mu je jasno.

-Sjedni Ibrahime, sjedni.

Ibrahim se vrati na stolicu, a nije ni ustajao sa nje.

-Nedostaje li ti obitelj? - nastavi doktor sa pitanjima.

-Ne znam, ne razmišljam o tome.

-Zašto ih nekada ne nazoveš?

Ibrahim začudjeno pogleda u doktora.

-Zašto bi? Nemam volje. Za mene su mrtvi.

-I djeca?

-Da, i djeca. napustili su me kada su mi bili najviše potrebni, ostali su zajedno sa kurvom od matere im i nisu više htjeli da čuju za sopstvenog oca.

-I kako se ti osjećaš zbog toga, Ibrahime?

Ibrahim se začudi njegovim pitanjem, pa se nasmija.

-Hahahaha veoma dobro se osjećam doktore. I hvala ti, doktore.

-Na čemu?

-Nisam se odavno ovako od srca nasmijao.

-Zašto se ne smiješ, Ibrahime?

-Jer ne znam gdje mi je srce.

...

Na izlasku iz ordinacije doktora Smailgaića, Ibrahima je u hodniku dočekao Šaban i nestrpljivo ga počeo ispitivati;

-Šta ti je rekao doktor?

Brinuo se, bilo je očigledno. Te neke male stvari kod Šabana su ganule Ibrahima i onaj prjatelj kojeg je godinama tražio, kao da sada stoji pred njim. U ratu se ljudi zbliže jer nemaju ništa drugo izgubiti osim jedno drugoga. I tu postanu prisniji, kao da je tvoj život u njegovim rukama, a njegov život u tvojim, što ustvari i jeste istina, ali rijetko koja prijateljstva stečena u ratu, ostanu da žive i nakon njega, kao ovo prijateljstvo izmedju Šabana i Ibrahima. Nekih dvjestotinjak metara, prije nego što će se putnik početi pješice penjati uz blago uzbrdašce, koje vodi do ostarjele zgrade na Bistriku, u kojoj je živio Ibrahim, na tom mjestu je živio Šaban. I bezbroj puta je nakon što su topovi utihnuli i počeo rat beščujnim mecima, Šaban se penjao tih stotinjak metara kako bi provjerio da li je sve u redu sa Ibrahimom. Kad su svi odlučili da ga ostave, on je ustao uz njega, jer znao je da je sve u redu i kada nije.

-I šta ti je bolan rekao doktor? Je l' ti dao kakve tablete da piješ? - oblijetao je Šaban oko Ibrahima dok su izlazili na suhi proljetni sarajevski vazduh.

-Jeste, propisao mi je neke.

-E, super - odahnu Šaban.

-I rekao mi je još nešto.

-Šta?

-Rekao mi je da te odvedem na pivo - blago se osmjehnu Ibrahim, a Šaban skoči od sreće kao dijete koje od roditelja na poklon dobije čokoladu.

Kaffe-bar "Sunce" bilo je omiljeno okupljalište demobilisanih boraca i ratnih vojnih invalida iz Ibrahimove jedinice, a dolazilo ih je i iz drugih jedinica. Lizajući rane jedni drugima, sarajevsko bi se točilo cijeli dan i svaki borac kao da je bio siguran u tom kafiću, okružen ljudima od kojih mu ne prijeti nikakva opasnost. Ali kako su mjeseci i godine prolazile, boraca je tu sve manje dolazilo. Sjeli bi u otvorenu baštu i gledali Sarajevo kako pokušava da ponovo dodje do daha. Kutija Drine na stolu je bila uobičajena i nevažno ko bi sjedio za stolom bez pitanja bi iz nje uzimao cigaretu i spokojno je palio. Kao da je ta kutija cigareta bila njihovo zajedničko vlasništvo i niko nikada se ne bi pobunio radi toga. Ovaj dan, kafić je bio poluprazan, Miralem i Senko su sjedili na uobičajenom mjestu i napravili su vesele grimase na licu kada su vidjeli da im prilaze Ibrahim i šaban. I prije nego što bi ovi sjeli, naručili su novu turu piva za njih i sebe.

-Sve je manje ljudi ovdje - reče Šaban prinoseći kriglu sarajevskog ka ustima.

Ostali se okrenuše oko sebe.

-Da, Nerko i Sule su otišli neki dan u Njemačku, da nešto zarade, jer nema se od čega ovdje živjeti, ako nisi u nekoj stranci. Stranka ti je danas sve, bez nje si niko i ništa. - odgovori bezvoljno Senko, mršavi tip koji je sa Ibrahimom i Šabanom obišao većinu ratišta po Bosni. Miralem nastavi;

-Ako se ovako nastavi, uskoro ću i ja trbuhom za kruhom, nema ovdje više ničega.

-Tužno, jebote, za što smo se borili - reče zamišljeno Šaban.

-E, vidite onog tamo ogromnog mercedesa sa zatamljenim staklima i onog papka u novom odijelu što stoji ispred njega- upita Senko.

Svi podigoše pogled.

-Vidimo - rekoše u glas.

-Eto, zato smo se borili, jebo nam on mater.

Svi prasnuše u smijeh, čak i Ibrahim. Nedostajalo mu je raje, odavno nije sjedio ovdje sa njima, odavno ga strah nije napuštao, pa se donekle plašio da izadje iz one požutjele i oronule zgrade. Ali nije htio to često ponavljati sebi, kako ga neko neplaniran ne bi čuo.

-A Kengur? - upita Šaban.

Brzo prekinuše smijeh i na lice nabaciše tužan izgled, toliko tužan da zaboli i kelnera koji bi im donosio novu turu piva.

-Keno nije izdržao - reče tužno Miralem, a Senko dobaci.

-Prosvirao si je glavu kalašnjikovom.

-Žena i djeca su ostale iz njega.

-I stara majka.

-I stari otac.

I Sarajevo koje se nije ni okrenulo za njim iako je od prvih dana nesebično branilo taj grad, kada niko drugo nije htio, Keno zvani Kengur se bez straha suprostavio čeliku. Kada je nekima najbitnije bilo otići odavde, njemu je bilo najbitnije ostati, a možda bi danas bilo drukčije da su svi pobjegli kad se moglo pobjeći. Možda bi neki od njih danas bili živi, možda se danas ne bi preplašeno trznuli kada bi neki Yugo zaprdio kada bi vozač dodao malo više gasa. Njih četvorica su zašutili. Niko nije znao šta da kaže. Kengur se nakon rata osjećao sam, proganjale su ga sjene i nije mogao da pronadje nikoga ko bi barem jednu njegovu riječ shvatio, ko bi ga svojim tijelom zaštitio kad kašikara odnekud uleti u rov. Kengur se nije dao neprijatelju tek tako lahko. U ruke im neću nikada živ, znao je često govoriti. Sjeo je u svog eskorta, odvezao se iznad Sarajeva i tu si prosvirao mozak.

-Za Kengura! - Ibrahim podiže kriglu piva.

-Za Kengura - svi nazdraviše u njegovu čast.

-Bio je heroj, mater mu jebem! - završi Šaban!

-Nestaju ljudi, iz dana u dan. - umiješa se Ibrahim.

-Ili smo davno nestali, ove nakaze što upravo sjede ovdje, piju pivo i gledaju onog nalickanog papka u novom mercedesu, možda su tek naše sjene.

-A obećali su nam da ćemo jesti zlatnim kašikama! reče Miralem i zajedno sa ostalima nastavi da zuri u polurazne krigle piva. Zavladala je tišina, što nije bila rijetkost kad bi borci bili daleko od borbe, upravo kao što su sada oni.

Pronaći temu za razgovor, a da to nije rat i ubijanje, za njih je bilo veoma teško. Senko odluči da ubije tišinu;

-Vidio sam Ivanu neki dan.

Svi ostali za stolom ga oštro pogledaše, a Senko je nastavio sa pričom, jer nije uopće znao kako se završilo izmedju Ibrahima i Ivane.

-Mislim da je prala neko stubište dole u gradu ili možda nisam siguran da je to bila Ivana, a mali Zlatan, mada nisam ni za njega siguran da je to on bio, kao da je na nekom semaforu prao šoferšajbe na automobilima jednostavno izgovori na zaprepaštenje ostalih za stolom i onda pogleda Ibrahima čekajući od njega odgovor.

Ibrahim uze cigaretu iz kutije i zapali, povuče dva dima u sebe i ostavi cigaretu nazad u pepeljaru, a potom, velikom brzinom skoči sa stolice i desnom šakom uhvati Senku za vrat, da ga je jednim trzajem, onako iznenadjenog, digao sa stolice. Šaban i Miralem nisu ni trepnuli, a Ibrahim je iznad njih već držao jadnog Senku za grkljan i činilo se da mu je potreban maleni trzaj, da ga iščupa tu pred njima. Ibrahim je bio mašina za ubijanje, Senko je to dobro znao i počeo je da drhti od straha i tako preplašen da gleda u njega, a ovaj mu se unio u lice i tiho procjedio;

-Ne svidja mi se to što pričaš.

-Šššššta...šta....pričam - Senko je uspio da izgovori par riječi dok ga je Ibrahimova ogromna šaka sve više stiskala u predjelu vrata.

I onda ga pusti, vrati se nazad u stolicu, iščupa cigaretu iz pepeljare pune čikova i kao da se maloprije ništa nije ni desilo, bezbrižno povuče nekoliko dimova, dok je Senko pored stola pokušavao da dodje do daha, a Šaban i Miralem zaprepašteno gledali u Ibrahima.

-Mrzim kad neko priča o mojoj obitelji. OK? Gledaj svoja posla i nemoj da se to više ponovi.

Ibrahimova je bila zadnja, koliko god da je u privatnom životu bio na dnu, suborci su ga još uvijek poštovali, a neprijatelji ga se plašili. A neprijatelja je imao. Mnogo, mnogo. Po nekom nepisanom pravilu ljudi bi trebali da žive bolje, kada se rat završi, ali Ibrahim nije znao da rat iz čovjeka nikada ne izlazi. Ostane u njemu zauvijek i svakodnevno ga ubija bez ijednog pucnja. Činilo se da cijelo Sarajevo zna šta Ibrahima muči, ali on je mislio da to vješto skriva. Ustao je od stola, nije mu se više sjedilo. Platio je račun za nekoliko tura piva, jer novčano je bio obezbjedjen za sva vremena. Dobijao je od boračkog udruženja, a i onu ruševinu što je ostala od njegove stomatološke ordinacije je prodao nekom lovatoru, koji je cijeli rat proveo u Minhenu. Šaban ustade, da podje sa njim, ali mu Ibrahim reče; -Sjedni, sjedni, završi to pivo, ja ću malo da prošetam.

Šaban ga pogleda.

-Jesi siguran da možeš sam?

-Mogu, dovoljno si danas uradio, sjedni i pij.

-Doći ću kasnije da te obidjem - reče Šaban.

Svaki put kad bi se razgovor poveo o njegovoj obitelji, Ibrahim bi pobjesnio, pa onda bježao. Nije volio da priča o njima. Nikome. Duga je priča o tome kako se raspao njegov brak sa Ivanom, ni Ibrahim se nije mogao tačno sjetiti kako i zašto je njihova ljubav tako neslavno završila, a voljeli su jedno drugoga. Ni Šabanu nije pričao o tome. Nekih priča se i nije pametno sjećati. Pogrešan smjer, osmjeh koji te paralizira i postaneš gluh na sve. Samo osjećaš ljubav...dok ne odrasteš i osjetiš bilo zla kako kuca na tvome kažiprstu dok opipavaš da provjeriš diše li. Možda bi ovaj svijet bio jednostavniji kada bi u njemu bilo još ponešto osim ljubavi i zla, da čovjek može da bira u još nečemu, a ne samo izmedju to dvoje. A birati izmedju ljubavi i zla je kao da biraš zimske cipele u ljeto, a ljetne cipele u zimu. Sve je to zbrkano, komplikovano u glavi čovjeka koji spozna okrutnost jednog dana i ljubav jedne noći, u 24 sata.

Ibrahimov mladji sin Amar, nekoliko je puta kucao na Ibrahimova vrata, tražeći neke stvari koje ga podsjećaju na neka sretnija vremena, ali Ibrahim nije htio da mu otvori. Iako je kroz špijunku posmatrao svoje oči i svoj nos na njegovom licu, dok je stojao ispred vrata čekajući da se otvore. Nekada bi Ibrahim, kada bi u rijetkim prilikama izašao u grad, imao osjećaj kao da ga neko prati, ali nikada nije ni pomišljao da je to bio Amar, njegova krv i njegov nekadašnji ponos. Ali sve je to zabluda, opsjena, bolest koja nečujno ubija čovjeka dok on umišlja ljubav. Rat je barem jednostavniji, znaš od koga ti prijeti opasnost. Kada se začuješ zvuk projektila kako vrišti po nebu, legneš. Kada začuješ fijuk ispaljenog olova ka tebi, sakriješ se. Kada vidiš neprijatelja kako izbezumljeno juriša ka tebi, boriš se, ali šta kada ugledaš sopstvenog sebe kako se dozivaš da se odupreš tom ludilu koje te je opsjelo i ne pušta te više unazad? Kako se oduprijeti nekome kome si htio da pokažeš gdje se nalazi Bog, a on ga pronašao u nečemu drugom?

Noć je padala, a Ibrahimu se ubrzo omrzlo hodati, pa je zaustavio prvi taxi koji je naišao. Sjeo je na zadnje sjedište i ubrzo zaspao. Njegove besane noći pune straha i sijenki prošlosti su ga pomalo iscrpljivale i tamo gdje bi se najmanje nadao da će pronaći par minuta odmora, iznenada bi zaspao. Nikada u životu nije bio premoren kao sada, svaki djelić tijela ga je bolio iako je donekle, još uvijek odavao dojam čovjeka koji živi normalnim i bezbrižnim životom. Kengurovo samoubistvo ga je još više dotuklo iako se trudio da ga to ne dotiče, ali....Njegovi suborci su u tišini odlazili jedan po jedan i niko nije mogao da ih zaustavi, pogotovo on, Ibrahim, koji je te ljude smatrao svojom braćom. Nevidljivi neprijatelj je bio duplo više nadmoćniji od svih njihovih dotadašnjih neprijatelja, a svi su se zakleli, da neprijatelju nikada neće pasti živi u ruke. I ko zna koliko je Ibrahim dugo spavao, koliko dugo je vožnja kroz sarajevske ulice trajala, ali topla balada Indexa sa radija natjerala ga je da prizna sebi da odavno nije ovako lijepo spavao. Začudio se samom sebi, kada je taxi stao i kada mu je šofer rekao da su stigli na željenu adresu, kako je mogao da tako bezbrižno usni. Možda mu je pomogao i odlazak psihijatru tog dana, ili priča sa Šabanom, ili šetnja šeherom ili nevažno šta, ali nije očekivao ovako lagan san koji je nažalost kratko trajao. A svi lagani snovi kratko traju. I nije još ni izašao iz automobila, pružio je taksisti novac, i na komandama automobila primjetio sliku jednog mladića kojeg je poznavao. Bio je to Jasenko! Simpatični mladić koji je je bio na pragu prvog tima FK Sarajevo i kojemu je snajper onog dana na Vrdima, prosvirao mozak tik do Ibrahima! Ovaj taksista je bio Salko, Jasenkov otac, Ibrahim ga je jednom ili dva put vidio u životu, pa ga nije stigao ni prepoznati, ali vjerovatno ga ne bi prepoznao ni da ga je više vidjao. Ispod hrpe posijedjele kose i bora, koje su godine isklesale kako im se prohtjelo, nalazio se otac jednog mladića koji je bio pun optimizma i koji je svaki dan očekivao da će rat iznenada stati i da će se sutra vratiti treninzima na Koševu. Mladića koji je svojim optimizmom pičio Šabanu po živcima i čiji se mozak prosuo po Ibrahimovim prašnjavim vojničkim čizmama. A sada Ibrahim stoji ispred njegovog oca i ne zna šta da kaže.

-Još nešto, Ibrahime? - reče Salko kada je uvidio da ga Ibrahim čudno gleda i ne planira izaći iz auta.

-Znaš mi ime? - začudi se Ibrahim.

-Znam te, Ibrahime, ti si heroj ovoga grada - reče Salko ponosno, kao da se ponosio što je napokon upoznao Ibrahima, baš kao što se onomad ponosio njegov sin Jasenko. Ibrahim je imao Jasenkov ručni sat, ali bio mu je negdje u stanu, ko zna gdje i od svega što se dešavalo zaboravio je da poslije rata pronadje Salku i da mu da sat kojeg je skinuo sa Jasenkove mrtve ruke. Sigurno bi mu Salko bio vječno zahvalan na tome. Medjutim, pomislio je, a šta ako bi mu Salko prigovorio zbog čega je čekao ovoliko dugo da mu preda uspomenu na njegovog ubijenog sina čije ni tijelo nije ni ukopao kako treba. Ostalo je na strani HVO-a i to je sve što se o njemu znalo. Raspitivao se Ibro poslije o njegovom tijelu, ali.....da ljudi imaju samo jednu brigu ovaj svijet bi bio jednostavniji. Ibrahim mu se nasmiješi i reče;

-Ništa, ništa, nešto sam se zamislio, halali.

-Ko ne bi halalio heroju Sarajeva, nego zadrži taj novac, nek ti ova vožnja bude gratis. - reče Salko i poslije pozdrava zatvori vrata taxija i ode niz Bistrik.

Ibro je gledao za njim, iznenada se u njemu upalila djavolska želja da starom Salki preda sat od njegovog mrtvog sina. Sutra ću opet u grad i naći ću ovaj taxi....raspitati se o njemu....da sam mu barem zapisao broj registracije....ili uzeo broj telefona....ili....Ama, naći ću ga i dati mu sat, to je najmanje što sam davno trebao učiniti. Možda ću poslije toga mirno zaspati, možda poslije toga neću sanjati mozak njegovog sina kako curi po mojim prljavim vojničkim čizmama, možda ću se vratiti u prošlost, u onaj sunčani dan na Vrdima i objasnit ću tom naivnom momčiću da dok je u rovu, da ne diže puno glavu.....Možda, bilo šta, razmišljao je Ibrahim hodajući prema svojoj zgradi. Čvrsto je odlučio da će sutra ići u grad da pronadje Salku, a šta će mu reći, to je najmanje bitno.

...

Ležeći na izgužvanom krevetu u svojo sobi, Ibrahim je dugo razmišljao o današnjem sustretu sa Salkom. Iznenada se začuo zvuk otvaranja ulaznih vrata od stana i tupi koraci koji su odjekivali hodnikom, ali, Ibrahim se nije pomjerao sa kreveta na kojem je ležao pušeći cigaretu i zamišljeno buljio u strop. Odjednom u spavaću sobu ulazi ženska silueta i ostavlja tašnju na stol pored kreveta, Ibrahim i dalje nije obraćao pažnju na nju. Počela je da se skida. Brzo je skinula nekoliko krpica sa sebe kao i crni uski minić koji je na njoj više pokazivao nego otkrivao. Njene zanosne grudi su bile na izvolite, dok je na zanosnoj zadnjici još uvijek imala crne čipkaste gaćice. Bez ijedne riječi, legla je na krevet pored Ibrahima i iz njegove kutije cigareta uzela jednu i pripalila. Ležali su tako nekoliko sekundi i nijemo buljili u strop, gutajući duhanske dimove koji su lebdjeli iznad njihovih glava.

-Kasniš. - reče Ibrahim pogledavši je.

-Morala sam danas da pojebem pola Sarajeva odgovori ona.

Ibrahim zašuti i ponovo diže pogled gore ka nečemu samo što je on vidjeo, a ustvari nalazio se samo ispucali plafon dnevne sobe. Povuče par dimova cigarete u sebe, pa nastavi; -Smeta li ti to ponekad?

-Koje?

-Pa to što si kurva i što te može pojebati svako ko ima novca?

-Da mi smeta ne bi se ni kurvala. - reče ona gaseći cigaretu i okrećući se ka Ibrahimu. - Hoćeš da tucaš ili da pričaš?

-Polako, ba, hajde da malo popričamo.

-Kako želiš, ti plaćaš - reče krhka plavuša paleći još jednu cigaretu.

-Znaš, imaš pravo - nastavi Ibrahim da priča.

-U čemu bolan, imam pravo? Danas si nekako čudan, tih i nedorečen. Nisi kao u ostalim danima.

-Pa u tome što ne vidiš ništa loše u tucanju za novac.

Ljudi za novac rade mnogo gore stvari od tucanja, a drugi ih mnogo više poštuju nego što poštuju prostitutku.

Ona ne reče ništa, mušteriji valja udovoljiti sve dok on plaća, da li u seksu ili u priči, nebitno. Ako mušterija želi tvoje tijelo, ti mu ga podariš, a ako želi da ga saslušaš i glumiš psihijatra, onda ušutiš i kimaš glavom. Šejla je znala svoj posao. Ibrahim nastavi;

-Ljudi za novac ubijaju, kradu, lažu, izdaju prijatelje, okreću ledja muževima, očevima, tako da to što ti radiš i nije ono najgore. Posao kao posao, jebi ga. Bolje da se tucaš nego da kradeš ili da nekoga ubiješ, jel tako?

-Da - reče ona bezvoljno.

-Znaš, danas sam naletio na nekoga koga sam godinama tražio, a nisam ni znao da ga tražim.

-Super.

-Sutra planiram ponovo da ga potražim, ali se plašim.

-Čega?

-Njegovih riječi. Šta će da mi kaže, kada se pojavim pred njim i kad mu kažem zbog čega sam došao.

Šejla nije razumjela, a nije se ni trudila da razumije

Ibrahima. Nije to njen posao. Kimala je glavom i ponekad bacila pogled na sat nestrpljivo čekajući da vrijeme, za koje je Ibrahim platio njeno društvo, prodje, da se obuče i da ode iz ovog zagušljivog stana.

-Ne bi podnio i njegovo odbijanje, da ga razočaram, a znaš, dugujem to nekome. Davno sam mu se zakleo, da ću uraditi ovo što trebam, ali....ali.....ne znam zašto nisam.

Počeo je nekontrolirano da se trese.

-Možda bude bolje ako mu pridjem i kažem istinu. Istina je uvijek najbolja, kakva god da je, ubit ćeš se, ako mu slažeš, a ovdje je situacija takva da se mogu ubiti i ako mu kažem istinu.

-Onda bi bilo najbolje da to preskočiš. - reče Šejla koja nije bila ni svjesna o čemu Ibrahim priča, ali nekako joj je u tom trenutku taj odgovor imao najviše smisla.

-Ne mogu, ne mogu, moram nešto promijeniti, ne mogu da ostanem ovakav. - Ibrahim je mumljao na sve strane, očigledno je bilo da se gubi, da nije u redu, ali žensko pored njega i nije pokazivalo znake zabrinutosti za njim, osim što vrijeme sporo teče. Samo je tiho u sebi promrmljala.

-E, ta ti je najbolja do sad, ne možeš da ostaneš ovakav. - ustala je i otišla u susjednu sobu, ali Ibrahim je brzo pošao za njom.

-Gdje ćeš? - upita je.

-Pa nešto da popijem, tebi izgleda nije do tucanja večeras.

-Ko ti je rekao da smiješ da ulaziš u tu sobu?

Ona se iznenadi.

-Pa, zbog čega je zabranjeno ovdje ući?

Osmotrila je sobu i bilo je očigledno da se radi o spavaćoj sobi iz koje je dopirao vonj nesnošljivog smrada. Soba je bila neuredna, činilo se da godinama nije bila čišćena, a i bila je u pravu.

-Ova soba, gdje upravo stojimo, znaš li uopšte i gdje smo?

-U svinjcu, rekla bi.

Ibrahima nisu doticale njene riječi, nije mu bio potreban neko da priča sa njim, nego neko ko ga sluša i kima glavom.

-Vrati se nazad, ne dopuštam nikome da ovdje ulazi, ovoj sobi sam doživio najsretnije trenutke u svom životu, ovdje sam osnovao obitelj, ovdje sam dobio dva sina, ova četiri zida su moj cijeli život. U ovoj sobi sam volio, volio, volio....a gle me sada, u istoj toj sobi stojim sa ofucanom kurvom koju je pojebalo čitavo Sarajevo i šta radim? Šta radim?

Šejla nije progovarala, samo se vratila nazad u dnevnu sobu i pogledala na sat.

-Šta radim? Šta pokušavam da uradim?

Počeo je da plače. Ona se iznenadila, znala je da sluša i da se tuca, ali nije znala da tješi, nije u sklopu njenoga posla da glumi rame za plakanje. Nije ništa ni rekla, samo je iznenadjeno zurila u Ibrahima koji je pored nje plakao.

-Znaš li ti ko sam ja? - upita je Ibrahim.

-Neko kome nije do tucanja izgleda - ustade ona i poče da se oblači.

-Kuda ćeš?

-Pa imaš još petnaestak minuta vremena - reče ona - a vjerovatno od sexa nema ništa, pa mi nisu potrebne gole sise da slušam tvoje jadne žalopojke.

-Znaš li ti ko sam ja? - Ibrahim ponovi pitanje.

Šejla se nikada nije povezivala sa mušterijama i nije uopće ni znala ko je Ibrahim. I nije ju bilo briga. Ko zna šta je mladjahna djevojka, koja je prije par godina prevalila dvadesetu, očekivala od svog života, vjerovatno je imala neke snove u kojima je željela da postane neko ili nešto, ali vjerovatno nikada u životu nije usnila da leži naga u starom stanu pored nekog jadnika koji pored nje plače za svojim životom i propuštenim prilikama. Brzo se obukla i sjela na stolicu da sačeka da protekne još nekoliko minuta vremena, za koje je bila plaćena. Prekrstila je noge i njen jako crveni karmin se poljubio sa cigaretom.

-Ne, ne znam ko si ti - reče ona - znam da se zoveš Ibrahim i da smo se kresali već nekoliko puta, da uredno sve platiš i to je sve.

-Ja sam heroj! - plačući uzviknu Ibrahim, a Šejla pade u trans smijeha.

-Hahahahahahahahah

-Ne smiji se kurvo, ja sam heroj, pitaj koga hoćeš!

-I ja sam Madona - reče plavojka ne prestajući se cerekati.

-Ja sam se borio da bi ti danas mogla na miru da pušiš kurčeve!

-Hahahahahaha - ona se poče još jače smijati.

-Ja sam se borio za ovo što ti danas imaš! - histerično je nastavio Ibrahim.

-E, baš si se izborio - ona hladnokrvo procijedi uzimajući tašnjicu sa stola.

-Gdje ćeš?

Ona pokaza na sat.

-Isteklo ti je vrijeme, heroju.

-Stani, stani!

Ona zastade na hodniku i okrenu se Ibrahimu koji je plačljivo stojao na sred dnevne sobe.

-Zašto nekada ne ostaneš cijelu noć? Platiću ti, novac nije problem.

Ona se osmijehnu.

-Novcem se ne može sve kupiti, moj heroju, ali ne brini, navratiću ponovo u naše uobičajeno vrijeme - reče ona i izadje van.

Ibrahim je ostao sam. Mrzio je večeri kada ostane sam, tada se vodila najžešća borba izmedju njega i sjećanja, a u takvim borbama bio je bespomoćan, osudjen na bolan poraz, ali nije se predavao. Ko god da je poznavao Ibrahima, znao je da se on nikada ne predaje. Izvadio bi flašu viskija iz kredenca i sa thompsonom u rukama sjeo pored TV-a u dnevnoj sobi. Izabrao bi VHS kasetu i ubacio je u ogromni video koji je stojao iznad. Odjednom bi se na ekranu velikog televizora pojavilo na stotinu vojničkih čizama kako uredno i disciplinovanao maršraju jedni pored drugih. Bila je to vojna parada sjevernokorejskih vojnika koju je Ibrahim čuvao na nekoj video kaseti. To ga je smirilivalo, taj marš disciplinovane vojne sile, njihova salutiranja, grube vojničke face i identične i do najsitnijeg detalja uredne uniforme koje su nosili i ta melodija njihovih čizama kako odzvanja od beton ispod njih, smirivala je Ibrahima više od sexa sa kurvom Šejlom. A viski, viski je nestajao iz flaše kao što nestaje sjećanje na neki veseli dan iz njegovog turobnog života. Tjerao se njime da zaspi, ali rijetko bi kada i uspio u tome. Rijetke su noći i kada bi spavao. Čas bi se zatekao u dnevnoj sobi, kako grli thompsona i dvije-tri bombe koje čuva u kredencu, čas pored šahovske ploče nestrpljivo očekujući Pejin potez s druge strane, čas u kupatilu kako sklupčan na hladnim pločicama plače i čeka nekoga da ga izbavi iz stupice u koju je upao, a čas u spavaćoj sobi gdje pokušava da prepozna miris Ivane, a ustvari, sve je u toj sobi vonjalo. Zato nikada nije htio da je očisti, iz straha da jednom zauvijek izgubi njen miris kojeg je tu prepoznavao.

Mrzio je večeri kada ostane sam. Tumarao bi stanom tamo-vamo, i teško bi mu bilo da se negdje smiri, da se isplače, a pokušavao je u kuhinji da plače, u kupatilu da plače, u hodniku da plače, u dnevnoj sobi, u spavaćoj sobi, ali gdje god bi plakao znao bi poslije da nije isplakao sve suze i da će ubrzo dodji trenutak kada će ponovo morati da plače, a heroj je onaj koji zna kada treba da pusti suze. Ili je sada, kada je već odrastao čovjek, pokušao da nadoknadi sve one suze koje je kao mali gutao, kada bi djed Ismet nehotice pomenuo njegovu majku. Nije znao ni kako se ona zove, nikada se nije usudio ni da je potraži, a bila mu je potrebna mnogo puta u noćima, kada nije mogao da zaspi ili jutrom kada bi se umivao, prao zube i spremao za školu, nikoga nije bilo da ga isprati, da mu mahne. A mnogo puta se okretao iza sebe, ne bi li je ugledao kako mu veselo maše i svaki puta kada bi shvatio da iza njega nema nikoga, u džepu svog trošnog kaputića bi sačuvao djelić duše što bi se u njemu tada otkinula. I sada, kao odrastao čovjek, zatekne sam sebe kako sjedi na hladnim pločicama kupatila, plače i kroz suze zaziva majku. Sada mu je bila potrebnija nego ikada, upravo sada porastao je u najveće dijete u koje je ikada i mogao da poraste.

Ili šamar? Možda mu je za života nedostajao onaj trenutak kada bi ga grubi očev šamar opomenuo da nešto ne radi kako treba, a ni oca nije bilo. Bio je ostavjen sam i sasvim sam, i čak kada bi nekada zaplakao, mnogo manje nego što sada plače i kada bi se uplašio, mnogo manje nego što se sada plaši, nije imao oca da ga uspravi kad padne i da mu kaže, digni glavu, budi jak!! Upravo suprotno, Ibrahim se cijelog života trudio da bude jak iz inata, ali nije znao prema kome iz inata? I svaki put kada bi ostajao sam, ubijao je sam sebe bez nekog posebnog razloga. Bio je kriv, ali nije znao zbog čega. Kriv što se rodio u nezgodan trenutak kod nezgodnih roditelja, koji su vjerovatno bili kukavice, ovako poput njega, koji ne smije povući ni sopsveni prst što stoji na obaraču automata prislonjenog mu na bradu. Kriv je što se u svemu što je radio bio najbolji, najbolji muž, najbolji otac, najbolji zet, najbolji borac, najbolja kukavica....

Život svakog čovjeka se dijeli na onaj, prije rata i na onaj, poslije rata. Nemoguće je spoznati kako se čovjek u te tri godine ludila, na kraju i sam pretvori u ludilo. Isprva, rat nije ništa strašno, ništa neobično, nećemo biti ni prvi ni zadnji narod u svijetu koji je ratovao i koji se borio za, ko zna šta već, ali kako onda iz njega izadjemo kao osobe kojima nešto nedostaje? Osobe koje to prije nismo bili. Ibrahim to nije mogao da shvati.

Kasni su jutarnji sati, ali ko zna koliko baš tačno, jer se Ibrahim plašio pogledati na sat.

Razmakao bi roletne, pogledao u tek pokoju sjenu što nestaje u pustim sarajevskim ulicama, kao da se skriva od njegovog pogleda, kao da traži najpogodnije mjesto za zamku, mjesto sa kojeg će imati savršeni pogled na Ibrahimove obje strane, mjesto sa kojeg će ga držati u šaci i neće mu dati da izadje. Dovodiće ga do ludila. Ludila kakvog još nikada nije spoznao i za koji je mislio da će nestati novim danom i obsjajom sunca, ali....

Plašio se.

Nikada se ovako vraški nije plašio.

Sjedi na podu, prislonjen na zid i pušta suze da teku niz njegovo lice, da ne bude sam, da ne bude robot, da pokaže sam sebi da i dalje osjeća. Da je donekle, još uvijek živ.

Zašto ne mogu da spavam?

Postavljao bi blesava pitanja samom sebi, a vrlo dobro je znao, zašto nije mogao da spava.

Nije vjerovao snovima.

Jer su ga mnogo puta slagali. I uboli. Uzeli ga na zub, iz čista mira, a on i dalje ne shvata, šta im je učinio. Snovi bi trebali da budu dobri, jer pamtio ih je i dobre, pamtio je kako je nekada iskreno uživao u njima i činilo mu se, da upravo plače od sreće, jer se i dalje može prisjetiti onoga što je nekada sanjao. Vraški mu nedostaju....

Nije znao da je ovakav osjećaj kada ti snovi okrenu ledja. Kada krevet na kojem spavaš izgleda kao mjesto giljotine, na koju si osudjen odrubljivanjem glave. I kao da je isti strah, dok onako premoren prilazi krevetu i svim svojim čulima tiska, moli sopstvenu želju da mu vrati onaj san, san koji ga je odmarao, koji mu nedostaje, a ustvari, dok je hodao ka krevetu, imao je osjećaj kao da prilazi mjestu giljotine, svome dželatu, koji će te noći da ga muči najsvirepijim metodama.

I tako iz dana u dan. Iz noći u noć.

Tiskajući ostarjele žute roletne sa prozora, očajnički je pogledom tražio sunce po okolnim brdima, ali bilo mu još uvijek rano da se pokaže i ove trenutke, dok je čekao da

sunce, ko zna odakle, izadje mu na megdan, oduvijek je najviše mrzio. I njegov najveći prijatelj, i njegov najveći neprijatelj, imaju tu zajedničku stvar, taj osjećaj beskorisnosti, kojeg bude u Ibrahimu, kada nisu htjeli da se pojave, onda kada ih je trebao. Jer i otrov svog smrtnog neprijatelja čovjek nekada zatreba, kao što zatreba i topli prijateljov zagrljaj, i ono nedostajanje,
očekivanje, da te otruje ili zagrli, taj posljednji treptaj
oka do tog čina, ta minuta, sekunda, stotinka....zajednička im je.

...

Poput mornara koji je doživio brodolom i koji nakon duge bitke sa morskim valovima napokon premoreno izlazi na kopno, tako je i Ibrahim svakog jutra izlazio iz svog zagušljivog stana. Ovaj put u ruci je stiskao sat kojeg je skinuo sa Jasenkove ruke, u želji da ga napokon uruči njegovom ocu, Salki. Pogledao bi par puta u taj sat koji se ni po čemu nije razlikovao od onih običnih i starih satova, ali opet kao da je u njemu vidio nešto više od toga. Nije uopće znao ni gdje bi mogao da pronadje Salku, niti koje taxi stajalište je njegovo omiljeno stajalište, ali raspitaće se. Na kraju krajeva, on je junak ovog grada i sva vrata su za njega ovdje otvorena.

Izlazeći u hladan i prašnjav haustor, Ibrahim je začuo buku koja se sa sprata iznad polako spuštala ka njemu i ubrzo su ga dva mišićava mladića uljudnim glasom zamolila da se skloni malo u stranu, kako im ne bi smetao dok iznose poveći regal na ramenima. Ubrzo za njima išao je komšija

Idriz, noseći sliku Josipa Broza Tita sa sobom. Ibro ga zaustavi i upita;

-Šta se dešava, bolan Izo?

Idriz stade, spusti sliku pred noge i pogleda u Ibru trudeći se da nabaci osmijeh na lice, ali slabo mu je to uspijevalo.

-Odlazim, Ibro.

-Kuda odlaziš, bolan?

-Selim se.

-Kuda? Zašto? Pa, gdje ćeš, bolan? - zapitkivao je Ibro ne vjerujući da će uskoro možda ostati i jedini stanar ove trošne zgrade na Bistriku. Svi su otišli. Neki su i pomrli, neki ubijeni, ali većina ih odlazi, a Ibro nije mogao da shvati, zbog čega. Zbog čega idu?

-Što dalje od ove zemlje i ovoga grada - reče Idriz praveći tužnu grimasu na licu.

Ibru je to vrijedjalo, ali trudio se da ne pokaže gnjev kojeg je u sebi skrivao. On se borio za ovu zemlju, on ju je oslobodio i nije mu jasno zašto ljudi, koji su čitav rat proveli ovdje, sada, poslije rata odlaze. Sada kad trebamo podignuti ovu zemlju na noge, da je napravimo vrijednom života i da sve bude kao ranije. Vidjevši da ga Ibro ne razumije, Idriz je nastavio;

-Ovdje su zavladali mito i korupcija, moj Ibrahime. Ne mogu da se zaposlim ako ne poznajem nekoga da mi sredi posao. Moja djeca su fakultetski obrazovana i ne mogu da nadju posao od stranačkih uhljeba sa završenom osnovnom školom. Možda smo se borili da ostanemo živi Ibrahime, ali mislim da smo rano prestali sa tom borbom. - reče Idriz i podiže ogromnu sliku Josipa Broza Tita, pa još dodade;

-Ja se nisam za ovo borio, Ibrahime, a nisi ni ti. Izgubili smo, jebi ga.

Reče i zaputi se niz stepenice. Ispred zgrade ga je čekao kamion prenatrpan njegovim stvarima, u odlasku još jednom se okrenuo Ibrahimu, zagrlio ga i rekao mu da se čuva. Zvuk starog kamiona prenatrpanog još starijim i nebitnijim stvarima, zahuktao je niz Bistrik, ostavljajući Ibru samog ispred zgrade koja je nekada vrvila nasmiješenim i bezbrižnim stanarima, a sada zjapi prazna i pusta. Samim pogledom na nju, slučajnom prolazniku bi prostrujala hladnoća. Nema nigdje nikoga, ostao je samo Ibro i još možda par starijih stanara koji čekaju smrt da pokuca na njihova vrata.

A Ibrahim?

Šta je on čekao?

Nije mu bilo jasno, nije to do sada ni primjećivao i kao da ga je zvuk kamiona odjednom probudio pred pustom i oronulom zgradom, postavljajući mu i dalje pitanja, kuda svi odlaze? I zašto svi odlaze? I zašto on ovdje ostaje sam? A toliko se borio za ovaj dio zemlje obrasle zelenom travom, koja je ko zna kada zadnji puta pokošena i koja dijeli stari asfaltni put od još starije požutjele zgrade. I sad je napokon ostao sam. Kao da su ga svi odbacili. I njega i njegovu nesebičnu borbu za njihovo zajedničko bolje sutra, negdje daleko odavde. Nije to zaslužio, pomišljao je, i bolilo ga je to. Bolilo ga je više od metka koji bi prozujao kroz njegovo tijelo, bolio ga je svaki povratak ljudi, koji nisu bili ovdje kad su trebali i koji se smiju kao da se ovdje ništa nije dešavalo i koji naveče spavaju blaženim snom, bez brige da su učinili neko loše djelo. A on ne može.

Pospano Sarajevo vodenim bojama se crtalo ispred njega i koliko god puta bi vidio taj prizor, nikada mu nije bilo dosta. Neki auto bi prozujao kroz jutarnju lokvu vode i uprskao ionako prljave i mokre Ibrine traperice, neki klinac bi ga u prolazu grubo zakačio ramenom i ne bi se ni okrenuo da se izvini. Samo bi nastavio dalje. Neke prelijepe djevojke koje divno mirišu, nasmješeno bi prošle kraj njega i ne bi ga ni primjetile, ni Miljacka ga više ne bi stigla da pozdravi od toliko onih koje je svakodnevno pozdravljala. Tek bi ga poneki izgubljeni turisti priupitali za put koji vodi ka Dobrovoljačkoj, a on bi očima pokušavao da im da do znanja da je on taj koji im može reći sve što ih zanima, ali bi se oni brzo okrenuli nekom drugom prolazniku, prosijaku ili nekoj starijoj gospodji, kada bi primjetili da ovaj oklijeva ili ih ne razumije. Ili ne zna. Sjeo je u ugao pune ćevabdžinice da doručkuje, ali ubrzo bi došao konobar i zamolio ga da predje za drugi stol jer je taj rezervisan za važne goste, a Ibro bi ustao i prešao za jedini slobodni stol, pored vrata wc-a i svaki put kada bi neki gost ušao da se olakša, vonj wc-a bi ga dobrano odalamio. Poslije doručka bi nastavio da luta gradom tražeći Salku, ali kiša koja se tog dana sručila na šeher otežala je njegovu nakanu da stari sat u njegovom džepu, preda onome kome i treba, a tada će mu možda i reći par lijepih riječi za njegovog Jasenku, da je bio dobar borac, da se u zadnjim trenucima hrabro držao i da je otišao kao pravi vojnik ili šta već. Medjutim, kako je dan odmicao Ibro je sve više shvatao da će biti teško pronaći Salku. Pitao je i znane i neznane za vremešnog taksistu i uglavnom bi dobijao različite odgovore. Ko zna kuda se u ovome izranjavanom gradu kreće i skriva jedna izranjavana duša koja pati za izgubljenim sinom. I noć je ubrzo došla nenajavljeno, a kiša nije ni prestajala da pada i Ibro je shvatio da traži iglu u plastu sijena. Ranjenu dušu medju hiljade njih izranjavanjih. Svratio je u bar, kojemu nije ni zapamtio ime i ta ga je pojava u posljednje vrijeme plašila. Nije pamtio imena barova, ni lica ljudi, ni izgovorene riječi nekih spodoba, samo tek poneki osmijeh i spoznaju da se nešto mijenja, a nije znao šta. Bezimeni barmen bi natočio ko zna koju po redu čašicu viskija i brzo nastavio svojim poslom jer bio je iskusan da primjeti lice gosta koje ne želi društvo, a Ibro nije želio. Bio je neraspoložen zbog današnjeg neuspjeha da pronadje onoga koga je trebao da nadje, ali nije se žurio. U ovoj zemlji ponekad i sutra osvane. Polako je ispijao viski jer nije imao gdje i kome da se vrati. Kako je moguće da čovjek koji je do jučer imao sve, sada nema ništa? Duga priča. Nadasve obična i isto tako neobična. Život je to, ko mu jebe mater, opsovao bi kada bi viski počeo plesati njegovim venama i nije mu bilo jasno kuda i kome se vraća. Gdje je njegov put iščezao, ispario, pa nakon svega sada se teturajući pijan vraća svojoj pustoj jazbini, kroz mračne i neprepoznatljive ulice šehera. Da, kao i imena barova i ljudi, sve je slabije mogao prepoznati i ove ulice za koje se nekada borio i u kojima je ubijao i gledao kako pokušavaju da ga ubiju, ali nikada nisu uspjeli u tome. Odjednom su iz tamne ulice izronila su tri maskirana lika, poveliki, nabildani, jedan od njih je cerekajući se gledao ka pijanom Ibri;

-Vidi, vidi, na koga smo naišli u ovo gluho doba noć.

Ibrahim je, iako pijan i iako se jedva držao na nogama, shvatio da njih trojica nisu slučajno naišli na njega, nego upravo suprotno, čekali su ga. Bili su maskirani, u ruci su držali nešto što Ibro nije mogao da prepozna. Naivno brzo je zaboravio da u ovome gradu postoje i neprijatelji koji jedva čekaju njegov pogrešan korak, da bi izmirili dugove prošlosti koje je Ibro ostavljao iza sebe. I upravo ovo sada, dok pijan stoji pored tri rmpalije, njegov je pogrešni korak. Znao je, nema šanse protiv njih. Ne, ovakav. Jedan od njih je nastavio da podbada mašući bejzbolskom palicom u rukama polako prilazeći pijanom Ibri; -Je li to Ibrahim? Naš narodni heroj?

Ibrahim je šutio.

-Ibrahim, kojem je vlahadija bitnija od njegove braće?

Rmpalija je nastavio sa pitanjima polako prilazeći. Ibro je svaki čas očekivao napad, ali nije očekivao jak udar sa ledja. U potiljak. Ko zna čime. Pao je na mokar asfalt i pokušao da ustane, ali još jedan udar ga je dokrajčio i slabo se više bilo čega sjećao. Osim tupih udaraca čizama po njegovoj glavi i ledjima, zvuk kostiju kako pucaju i prigušljiv uzdah nekoliko njih dok šutiraju bespomoćno tijelo u tami sarajevske ulice. Izbrojao ih je pet....ili šest....ili sedam......miris tudje mokraće se slivao po njegovoj glavi i miješao se sa krvlju koja je liptala iz njega. Mokrili su po njemu. I smijali se. I uzvikivali psovke, a neko od njih ga je vjerovatno i pljunuo, a onda bi opet nastavili da ga šutiraju, a njegovo tijelo bi lebdilo po mokrom pločniku, zavisno sa koje strane bi udarac došao. Pomišljao je, ako već treba da bude kraj, neka bude, ali nije očekivao da će otići ovako....nakon svega. Prestao je da osjeća udarce i miris mokraće, u glavi mu je bila samo misao kako žali što tog dana nije uspio da nadje Salku, pa da mu preda ovaj sat kojeg drži u stisnutoj pesnici. Zaslužio je to Jasenko, taj momčić koji je i u zadnji svoj čas na ovome svijetu, vjerovao da je ova zemlja vrijedna njegove smrti, da će od sutra sve biti po starom, da će brzo proći mržnja jer ona je ovdje, eto, došla slučajno. Onako slijepa zalutala na ko zna kojem svom putu i neplanirano došla medju ova naša brda, rijeke i gradove. A šta je znao Jasenko, ubogi mladić sa stotinu naivnih snova od kojih nijedan, ama baš nijedan nije bio realan? Mržnja nije slijepa. Ona ima i oči i uši, i sve zna, sve vidi i sve čuje, i sve će nas jednog dana odvući sa sobom. Pa možda je i bolje otići sa ovoga svijeta onako kao Jasenko, sa naivnim snovima, nego ovako dok sklupčan na mokrom sarajevskom pločniku trpiš udarce i poniženja od ljudi koje si branio tokom rata. A šta si očekivao, moj Ibrahime, da će neka škola nositi ime po tebi, da će te zvati na godišnjice da im pričaš o izvojevanim pobjedama, da će te poštovati, da će dopustiti da tvoj smijeh nadglasa njihov, da tvoj glas bude jači od njihovog, da te neće iskorištavati i pišati se po tebi? Šta si očekivao, moj Ibrahime? I veće od tebe ova zemlja je sažvakala i ispljunula i bacila na smetljište istorije da truhne. Šta si očekivao od ovih ljudih, ovih nacija, kojima je krivo kada im kažeš da su isti i da nema razlike medju njima? A nema. Osim što tjeraju Boga da ih on podijeli, jer njih je stid, da ih ko sa strane ne bi smatrao divljacima. A ovdje ljudi i jesu divljaci, možda i veći nego u ostalim dijelovima svijeta. Ovdje će te prodati za groš dok te istovremeno tapšaju po ledjima, ovdje su ljudi najgore životinje.

I nije znao zbog čega ga tuku, ali je znao da je u prošlosti radio ono na što ga je savjest navodila, a slušati savjest medju divljacima i očekivati da se nikome od njih ne zamjeriš, naivno je. I kako se uopće desilo da bspomoćan leži dok se neke ništarije iživljavaju nad njim, a ranije bi te ništarije bez problema savladao, ma da ih je bilo i deset. Možda zato što je bio omamljen alkoholom ili što ga jednostavno više nije bilo briga. Čemu opiranje da ostaneš u ovom odvratnom podneblju i da nastaviše da trpiš, da patiš, da te boli....Za tren je poželio da ga tuku još više i jače, da završe s time što ranije, ali kao i u mnogo čemu, ništarije su bile nesposobne i da ubiju čovjeka kako treba.Ili im je opet, to možda bila namjera. Da ga izmrcvare, ponize, popišaju i popljuvaju i kao najjeftiniji dronjak bace u smeće da diše.

Rastužio se kada je shvatio da još može da diše iako ga je bolio svaki dio tijela. Shvatio je da je poražen. Upravo tada, u sarajevskom smeću, ko zna kojeg haustora, osjetio je da njegova pesnica više nije stisnuta i da u njoj više nema sata! Sata koji je bio njegova svrha. Sa jednim začepljenim okom, a drugim krvavim, opipavao je oko sebe ne bi li pronašao uspomenu na časnu borbu i časnu smrt, ali sve što je mogao da dodirne je smeće koje se izrodilo nakon toga. Nekako, ni sam ne zna

kako, ustao je na noge i teturajući se mračnim ulicama vukao se ka svojoj jazbini u kojoj ga niko nije čekao. Niko ga nije ni primjetio iako su mnogi prolaznici pored njega spuštene glave pokušavali da uhvate zadnji voz života, pa nisu stigli ni da obrate pažnju na neku isprebijanu i ispišanu lutalicu koja je padala u lokve vode, pored njih. Niko nije htio ni da mu pomogne. Niko nije ni znao da je pored njih heroj!

Ni ulazak u jazbinu ne bi mu donio neku nadu da će se osjetiti bolje. Naprotiv, u hladnom i prašnjavom stanu se osjećao mnogo više nezaštićeno nego pred ništarijama. One su ga barem tukle i trudile se da ga odnesu sa ovog usranog dunjaluka, ali ovaj hladan i zubati stan, ova četiri zida, iz kojih izbijaju najstrašnije prijetnje, najbolniji jauci i najgori prizori, bio je njegov najveći neprijatelj, protiv koga se ikada borio. Onako krvav, zaudarajući na ništarijinu mokraću i mokar od kojekakvih sarajevskih lokvi, sjeo bi u dnevnu sobu, sa čašom viskija i mokrom cigaretom u ustima. Sa TV-a bi sjevernokorejske horde marširale i klicale njemu u čast, bodrile bi ga da večeras bude hrabar i da se ne predaje, a on bi u ruci stegnuo hladnu dvocjevku spremno čekajući neprijatelja, da se iz hladnih zidova već jednom odluči na napad. Ali neprijatelj kao da je igrao na kartu izludjivanja, znao je da drži Ibrahima u šaci i da Ibrahim ne može nigdje da pobjegne i kao da je uživao da ga gleda onako preplašenog i izmrcvarenog, dok sjedi u fotelji i preplašeno se trza na bilo kakav zvuk koji bi došao sa ulice. Ili na let muhe iznad njegove glave. Ili na zvuk pauka koji u uglu sobe plete mrežu za svoju lovinu. Prigrlio bi dvocjevku i nježno je stavio ispod brade, kao što je nekada znao prelijepu Ivanu zagrliti i povući u svoj zagrljaj. I tu je čuvati znajući da je njen miris njegovo vlasništvo i samo njegovo. Nedostajala mu je. Đavolski mu je nedostajao njen glas, koji bi ga natjerao da se smiri. A sada je nema. I ko zna gdje je.

Počeo je da plače, kao malo dijete, i kao takav tresao se sa hladnom cijevi ispod brade, pitajući se zašto se toliko plaši da povuče obarač. Tako mali pokret prsta i sve će ovo biti gotovo, neprijatelji iz zidova će pobijediti, ali šta ga briga, neke bitke se pobjedjuju tako što izgubiš. Samo jedan mali pokret prsta.

Tek sa radija se začuo prigušen glas reportera gdje obavještava da je upravo na današnji dan preminuo Josip Broz Tito!

...

-Ibrahimeeeeee - nasmiješeno mu je potrčala u zagrljaj kada je primjetila da se tog sunčanog dana penje blagom uzbrdicom ka njihovoj zgradi na Bistriku. Bacila je sve iz ruku što je do maloprije držala i potrčala mu u susret, a Ibrahim, iako premoren, zakoračio bi par koraka brže ka njoj, da je što prije zagrli i poljubi. Mnogi stanari bi tog dana izašli iz zgrade da dočekaju svoje voljene, koji su se napokon vraćali sa hercegovačkog ratišta, ali Ivana kao da je bila najglasnija. Ciktala je od sreće ili jednostavno što se pojavom Ibrahima više ničega ne plaši, a plašila se dok je on bio daleko i jedva je čekala da mu ispriča kada su napokon ušli u stan. Sarajevom su i dalje odjekivale eksplozije, ali ipak dom je dom. Ibrahim se tu najbolje osjećao, pored Ivane, Zlatana i Amara. Na njihovim licima se vidila sreća što je on napokon tu, ali uprkos tome umor je izbijao iz njihovih lica. Onaj tipični umor kada čovjek shvati da svijet nije onakav kakvog ga je zamišljao. Pa čak i na licu djeteta se može primjetiti. Ustvari, tu ga je najočiglednije primjetiti. Ni Zlatan, ni Amar nisu očekivali da će se u ovim godinama svakog jutra buditi uz zvuk projektila, koji udaraju u blizinu, nisu očekivali da će se tući sa drugima zarad jednog istruhlog stabla, na kojeg su naišli i koje može ugrijati njihovu obitelj. Očekivali su neki bolji svijet, neko bolje obrazovanje, prvu simpatiju u njihovom krilu, odlazak na more, obilazak svijeta i da se često smiju. Gotovo svakog dana da se smiju, ali....Onda je Ivana rekla da su odveli Peju i da ga više nisu vratili. Ibrahim je zašutio.

-Došli su kasno na veče po njega i odveli ga......niko ne zna gdje, ni ko ga je odveo. I to ne samo njega, već je par stanara iz susjednih zgrada preko noći nestalo.

Ibrahim je i dalje šutio. Izvadio je kutiju cigara i pripalio. Ivana se iznenadila.

-Pa ti pušiš?

On je i dalje šutio. Pejo je bio njegov drugi djed, njegov prijatelj i nije mu bilo jasno, ko se usudio da ga odvede, dok se on, Ibrahim, negdje daleko borio za slobodu svih njih.

-I kažeš, ne zna se za njega ništa? - upitao je Ibrahim.

-Ne, Pejo se više nije vraćao, njegov stan je opljačkan. Ostale su samo šahovske figurice razbacane po stanu, zajedno sa njegovom odjećom koju su krvnici preturali ne bi li u njima pronašli kakve dragocjenosti, a starome Peji najvažnija dragocjenost je bila šah i poznanstvo sa tobom, Ibrahime.

Ibrahim pogleda u Ivanu, kao da mu nije bilo jasno, a Ivana nastavi;

-Ti si mu bio prijatelj Ibrahime, svaki put kada bi otišao na liniju, Pejo bi me zaustavio kada bi se negdje sreli, i zapitkivao me, gdje si i kada se vraćaš. Govorio je da si ga zadnji put pobijedio u šahu i da jedva čeka da ti se ravanšira. - reče Ivana i poče tiho da plače.

-A Nebojša?

-Ni o njemu nema vijesti.

-Ljilja?

Ivana odmahnu glavom.

-Nije izdržala. Čula je da je Nebojša mrtav. Ne znam kako. I ona je preko noći pošla za njim.

Gnjev se budio u Ibrahimu, ali gnjev kojega je kontrolisao i kojemu nije dopuštao da predje u ludilo, a takav gnjev bio je najopasniji. Takav Ibrahim je bio najopasniji. Trebalo mu je odgovora, a znao je gdje će ih naći. Nije se pošteno stigao ni odmoriti nakon povratka iz Hercegovine, a već se odmah zaputio u komandu. Rifat je sjedio za stolom i iznenadio se kada je Ibrahim ponovo bez pitanja banuo u njegovu kancelariju.

-Tebi to Ibrahime, već prešlo u naviku, da mi baneš u kancelariju bez ikakve najave i kucanja, jebemu. - reče Rifat.

-Imamo mnogo toga da razgovaramo! - reče Ibrahim ljutito!

-Čekaj, čekaj - progovori Rifat i rukama poče da zakopčava šlic na pantalonama dok je ispod stola ispuzala plavuša Minka, brišući se rukom oko usta. Ustala je, jednim pokretom ruke nadesila frizuru i sjela za susjedni stol vadeći cigaretu iz kutije. Rifat pridje Ibrahimu i dalje zakopčavajući šlic na pantalonama.

-Vidiš, jebemu, prekidaš Minku u pušenju, a ona ne voli kada je neko prekida u pušenju kurca. Jel tako, mila?

Minka se kiselo nasmiješi paleći cigaretu.

-Moram te pohvaliti, Ibrahime - nastavi Rifat ne dopuštajući da Ibrahim dodje do riječi - dobro si ono obavio u Grabovici, svaka ti čast. Zataškalo se koliko se moglo, jebi ga, nisu nam sad potrebni stranci i UNPROFOR da nas jebu sa ratnim zločinima i tim pizdama materinama, vidiš da nas rokaju sa svih strana, pička im materina četnička i ustaška. Nego, jesi li doznao ko je pravio pizdarije dole?

-Jesam, imena su ti tu na papiru. - reče Ibrahim pružajući Rifatu cjeduljicu sa imenima. Ovaj je uze ni ne pogledavši je.

-Ne brini, svi će oni odgovarati.

-Medjutim, nisam mogao da doznam ko im je naredio da to urade.

Rifat preblijedi.

-Nije niko, jebemu, ko će im narediti, par nadrogiranih budala odlučilo da ubija na svoju ruku i eto.....jebi im mater.

Ibrahimu je bilo sumnjivo što Rifat nije ni pogledao cjeduljicu sa imenima koju mu je dao, a unaprijed je znao da se radi o nekim nadrogiranim budalama, koje su odlučile ubijati na svoju ruku i koje, po njegovim riječima, nisu imale nikakvo naredjenje da urade to što su uradili. Ali nije ga sada to puno ni interesovalo, kod Rifata je došao da pronadje odgovorne za nestanak Peje, Nebojše i ostalih stanara, jer ako iko zna šta se dešava po Sarajevu, onda je to Rifat.

-Došao sam jer neko i dalje odvodi stanare moje zgrade i ne vraća ih nazad. Ljudi nestaju, a niko se ne raspituje za njih i niko ih ne traži. Ljudi koji su moji prijatelji!

-I pretpostavio sam da si zbog toga ovdje - reče Rifat tiho, pa se obrati plavuši Minki.

-Donesi nam po kahvu, a ti Ibrahime, sjedi da ti objasnim.

Ibrahim sjede, pa Rifat nastavi.

-Znam, ljudi preko noći nestaju iz svojih stanova, čitavo Sarajevo to zna, ali šuti, ali ne brini, došlo je naredjenje odozgo da se tome stane u kraj. Uskoro će vojska i policija u akciju, pa da se to akobogada privede kraju. -Ko ih odvodi?

-Ti se ne miješaj Ibrahime. Vojska će to da obavi. Ti idi kući, odmaraj, zaslužio si.

-Ne može to tako, Rifate, moram da znam ko je odgovoran. Više ne znam kome sve vjerujem.

-Pa rekao sam ti, Karagini, shvati momke jebi ga, tuku ih sa svih strana, nemaju čak vremena i za odmor, i sad ih zbog par ubijenih vlaha treba da tuku i naši!

-Hoćeš da kažeš da je Pejo mrtav?

-Vjerovatno, vode ih gore na Trebević, da kopaju....i šta ja znam već šta.

Ibro iznervirano skoči.

-Pa obećao si mi da ćeš tome stati u kraj!

-Nisam ti obećao, rekao sam da ću se raspitati i.....i šta mogu čovječe, jebote. To je vojska, a hajde ti šta zabrani vojsci.

-To nije vojska, Rifate! Vojska ne ubija nenaoružane civile i starce, to je mafija.

-Znam, ali znaš već kako to ide, jebi ga....

Ibro se smiri, nije imao izbora. Borba za koju je do jučer nesebično davao sebe više nije ona časna borba. I za što se onda on bori? Da bi neki kriminalac došao u njegovu zgradu nazivati njegovu djecu mješancima, a ženu vlaškom kurvom i da bi njegovog najboljeg prijatelja odveo na brdo iznad Sarajeva i tu ga ubio. Branko Ćopić bi znao da kaže; Nema u čovjeku ni Vlaha ni Turčina. Postoji samo golema ljudska bijeda i nevolja. Jednako i vlaška i turska. A upravo to danas postoji, i zlo, i bijeda, i nevolja. I kako u svemu tome ostati normalan?

-Idi kući, odmori, pusti da vojska ovo završi, pohvatat će odgovorne, osuditi ih i sve će na kraju biti u redu. Šta možeš, jebi ga, vrijeme se ne može vratiti. Žao mi je zbog Peje.

Znao je da je Rifat donekle bio u pravu. Šta već on tu, Ibrahim, može da učini? Tražiti nekog Karagu po gradu i šta kad ga nadje? Priklati ga kao sve one kojima je do sad nečujno prilazio sa ledja i stavljao im nož pod vrat. Ubiti ga i ubiti sve one koji se u tom momentu nadju pored njega, pa se zamjeriti i drugoj polovici Sarajeva. Lezi, odspavaj i zaboravi. Čovjek jedino to može. Da se trudi da zaboravlja, zaboravlja i zaboravlja, kao bit će bolje kada jednog dana uspije prevariti sam sebe. Ibrahim se vratio nazad. Na odlasku mu je Rifat rekao da će ga obavjestiti kada akcija hapšenja bude gotova i priupitao ga, je li stvarno siguran da ne želi naguziti Minku?

Ibrahim se vratio u stan i iznenadjujuće je brzo zaspao, možda još i iznenadjujuće brže se i probudio iako je shvatio da je spavao čitavu noć, ali činilo mu se kao da je trajalo trenutak. Ivana ga je budila i dozivala; -Ibrahime, Ibrahime, ustani, zovu te!

Napravio je iznenadjen izraz lica kao i svako koga bi budili u sami cik zore. Bilo je četiri u jutru.

-Šaban te čeka pred zgradom, izgleda da je hitno šaputala je Ivana kako ne bi probudila Zlatana i Amara, koji su spavali tik kraj njih. U ta ratna vremena kada su spavali jedno pored drugih, to im je davalo prijeko potreban osjećaj sigurnosti kojeg odavno nisu imali. Ibrahim je uvijek bio daleko, a Ivana sama sa sinovima, u mračnom i nemilosrdnom Sarajevu. Zato se i u njenom glasu toga jutra osjećao neki žal što mora probuditi Ibrahima, jer tu noć ionako nije uspjela da zaspi zbog sreće što je napokon tu, kraj nje. A sada....

Ibrahim je brzo ustao i sišao u dvorište zgrade. Šaban ga je čekao u punoj ratnoj opremi i bilo mu je jasno da ne treba postavljati nikakva pitanja. Šaban je samo rekao; -Hajde, spremi se, čekaju nas.

Ibrahim se ćutke okrenuo i pošao nazad ka stanu, samo je dobacio;

-Sačekaj nekoliko minuta, barem da se obrijem.

Zora se budila iznad Sarajeva, u odrazu ogledala prepoznavao je prozor dnevne sobe i u njemu je gledao svjetlost koja se budila nad razrušenim gradom. Poslije svakog hirurški preciznog pokreta britvom izranjalo je svježe obrijano Ibrahimovo lice. Nije pamtio kada se zadnji put brijao i želio je u novu bitku da udje svjež i obrijan. Želio se osjetiti čovjekom dok ubija. I to kao da mu je nedostajalo. Taj osjećaj i nije ga puno iznenadio, ali njegove sopstvene oči sa druge strane ogledala, kao da su se čudile toj hladnokrvnosti i smirenosti u sopstvenom držanju, kojeg nisu mogle poremetiti ni sve jači udari eksplozija koji su dolazili iz Sarajeva. Nije primjetio ni Ivanu koja je sjedila u kupatilu i čudno gledala u njega dok se brije.

- Kuda ćeš? - upitala je.

On nije ništa odgovorio. Kao da ju nije ni čuo.

-Kuda ćeš, Ibrahime, čuješ li me?

Samo ju je pogledao.

-Ne brini.

I nastavio je brijačem lagano da prelazi preko svog naboranog lica.

A nju kao da je njegova smirenost uznemiravala i brzo se pretvorila u histeričnu ženu. Ženu kakvu Ibrahim nikada do tada nije vidio, a vjerovatno ni ona sebe samu. Ali, bila je i više nego što je odavala dojam, da je žena od krvi i mesa, i suza i brige za sopstvenom djecom i obitelji, a Ibrahim je oduvijek bio temelj porodice, a ona je osjećala da ga gubi. I tu ju je histerija polako uzimala pod svoje.

-Kaži nešto, do vraga, Ibrahime! Zašto se tako ponašaš kao da se ništa ne dešava oko nas? Vidiš li tamo ono dvoje djece? Preplašene i gladne djece? Djece kojima treba otac, a njega nema, nema ga Ibrahime! Zašto odlaziš, a tek si došao?

-Moram.

-Ne moraš! Ne ostavljaj nas ponovo u ovoj tami, teško nam je, svakomu je teško. Niko normalan nije zaslužio da živi ovaj horor. Trebaš nam Ibrahime, trebaš onoj djeci. Ostani. Neka pošalju koga drugog.

Okrenuo se prema njoj, u želji da je umiri, ali na prvom koraku je zastao i kao da je shvatio da to više ne zna uraditi, a ona je primjetila i briznula u plač. Čitav ovaj život joj se odjednom učinio najgorom noćnom morom, iako ju je živjela već dobrano vrijeme, ali sada, kao da shvaća da je sve gotovo, da je to stvarnost i nijedan ubod igle je neće moći probuditi iz ovog strašnog sna u kojega je zapala. Ona, sirota i krhka učiteljica, na koju je spala sva odgovornost oko kuće, oko djece, da se brine da ostanu živi, da ne budu gladni, žedni i ostavljeni na milost i nemilost ovom surovom podneblju. A
Ibrahim....više ga nije bilo. Izašao je, otišao tek tako, bez pozdrava. Učinilo joj se samo da ga je čula dok je zatvaro vrata stana kako kaže;

-Vratiću se.

Ali nije je bilo briga. Trebao joj je sada, kao nikada do tada, a on je otišao, kao neki programirani robot, stvoren za ubijanje i hladnokrvnost, iako je svaku stepenicu dok se spuštao ka Šabanu, koji ga je čekao u dvorištu, uvjeravao sam sebe kako ovo što radi, nije ispravno. To su njegova žena i djeca i nije lijepo što ih u dubokoj ogrezloj tami noći, ponovo ostavlja same i preplašene, ali...rat ga treba! Rat je kao pisanje knjige koja nema smisla. I to je sve. Vratiće se i više ih neće ostavljati same. Samo još ovaj put.

Samo još ovaj put.

Šaban ga je dočekao ne pitajući ništa, iako Ibrahimovo lice nikada nije ni pokazivalo neke znakove uzbudjenosti ili sreće, ili oduševljenja, jer bilo je to lice čovjeka koje bi izgledalo hladnokrvno i onda kada bi bio najsrećniji i kada bi bio najtužniji.

-Šta se dešava? - upitao je Ibrahim.

-Zovu nas u komandu, jebi ga, izgleda da se neko sranje dešava, pa zato zovu nas, majku im jebem.

Ni pucnji koji su odjekivali Sarajevom nisu mogli da daju do znanja Ibrahimu i Šabanu, šta se dešava, jer s vremenom su brojni projektili, brojni meci koji bi prohujali iznad njihovih glava postali nešto uobičajeno, pa su s vremenom tome prestali da daju neku posebnu pažnu.

Čudno je to, prvi fijuk metka zauvijek ostane u ušima i nijedan drugi fijuk poslije toga ne može da ga utuši. Sve postane besmislica nakon toga. Sve je prvo vrijedno pamćenja, a ono drugo, već uobičajena rutina, koja je od milijardu ljudi na svijetu izabrala tebe za sopstvenu igračku.

Prva ljubav, prvi poljubac, prvi okus pizze, čipsa, prva cigareta, prvo pijanstvo...sve prvo se pamti, a ono što dolazi poslije, već je stvar navike i ne tjera čovjeka više na taj osjećaj, kakav je osjtio prvi puta.

Sve osim prvog puta je sudbina.

I da, čovjek je igračka sudbine, a samo rijetke, sudbina napravi kompletnim ljudima, sa početkom i krajem. Ibrahim je to znao. Znao je da je ovo još jedna sudjena stepenica u njegovom životu i da nema smisla da se osvrće za njom. Što prije je predje, bit će spremniji za neku novu. Uostalom, čitav njegov život je beskrajno stepenište grubo sazidanih stepenika, koje mora da predje, da bi na kraju došao do ko zna čega.

Valjda je to tako.

To je taj život, ta partija šaha, kojoj se ne zna kraj.

Fijuk mesožednog metka se poput ptice pjevice prolamao iznad njihovih glava, a sve bi to popratili sa jednostavnom hladnokrvnošću u nogama i rukama. Koga uopće briga, ako te jedan takav pogodi? Na stepeništu ništa nije bitno osim još jedne stepenice koju ostavljaš iza sebe. Njegova djeca, njegova Ivana, onaj stan, koji, čini se iz dana u dan nestaje i nije ni nalik onom njegovom toplom stanu u kojeg bi se svakog dana premoren vraćao sa posla i u dnevnim novinama čitao najnovije vijesti iz zemlje i svijeta, sada je samo crna rupčaga, sa mravima koji se neprestano množe po njemu. Ništa ga više ne privlači k tome. Nema smisla.

Znao je da razmišlja, ali nije vidio svrhu. Na tren bi mu se obraz trznuo kada bi kroz crnilo svojih zjenica vidio da tamo ostavlja svoju djecu, svoje sinove i neku toplu, uplakanu žensku siluetu, koja vapi za njim, ali čemu to? Bol još više jezdi tijelom kada shvatiš da ne možeš ništa učiniti da je natjeraš da prestane da boli. I nekako se trudiš da se otrgneš od toga, da podigneš nogu i zakoračiš preko tog stepenika, a poslije.,..ko zna. Valjda se uvijek možeš vratiti nazad, ili ne?

Koga briga?

Čovjek kad shvati da je kasno, sve rjedje se okreće nazad, a dovoljno je par minuta da pomisliš da je prošla vječnost.

Rifat ih je, vidno uznemiren, čekao na ulici i kada ih je primjetio da dolaze, brzim korakom im je krenuo u susret. Obgrlio je Ibrahima i povukao ga u stranu, ostavljajući Šabana samog na drugoj strani ulice. -Šta se dešava? - upitao je Ibrahim.

-Budale se dešavaju, eto, budale, moj Ibrahime! uznemireno je ponavljao Rifat. Iz očiju mu je izbijao strah, koji se miješao sa vonjom skupocjenog viskija, vjerovatno nabavljenog iz šverca, koji je u tim vremenima gospodario opkoljenim Sarajevom. Znao je i Ibrahim ko je bio Rifat, to i nije bila neka tajna. Svi oni humanitarni paketi, donacije i pomoć koja je sa raznih strana svijeta pristizala u Sarajevo, išla je preko Rifata, a on bi od svakog paketa uzimao po dio za sebe. Bile to cigarete, alkohol, prehrambene namirnice ili bilo šta, Rifat je u tome imao svoje prste. Ali Ibrahima to puno nije doticalo. Rifat mu je bio nadredjeni i to je sve što je trebalo da zna. U komandnom lancu, Ibrahim je bio zadnja karika, da prima zapovjedi i da ih izvršava. I ništa drugo. Jer svijet i kada je ovako oduran, mora da ima taj neki red, koji mora da se poštuje, pa makar u njemu primao zapovjedi od ništarije i bitange, kakav je bio Rifat.

U rukama je stiskao motorolu, nije mogao da bude smiren, svaki tren bi se okretao da bude siguran da njihov razgovor niko ne čuje.

-Dole, u gradu su, u svome štabu, već čitavu noć, i jebene budale su ili pijani ili nadrogirani....ubili su nekoliko naših....Ovi odozgo šalju vojnu policiju, ali....sve to može izmaći kontroli....

-Čekaj, čekaj - prekide ga Ibrahim - o kome pričaš?

-O onim jebenim ludjacima, na koje si nabasao u Grabovici. Karagi i njegovima.

Ibrahim se iznenadi.

-I šta sa njima?

-Pa zatvorili su se dole, u neki svoj štab, i ubijaju sve oko sebe....Ne znam koji im je kurac - ponavljao je Rifat, nervozno se prebacujući sa jedne na drugu nogu.

-Koga ubijaju?

-Naše. Trebao sam da ih hapsim, tako je stigla naredba odozgo. Da ih privedem, malo smirim, jer prave pizdarije...izmakli su kontroli. I poslao sam danas četvoricu momaka da ih privedu....i nisu se vratili. Javljaju da su ih ubili.

Ibrahim je šutio, pomalo mu je bilo jasnije. Znao je o kome se radi. Onu noć kada je prebacio silovanu Ivanu na zapadnu stranu Mostara i kada se vratio nazad, Karagu i njegove sutradan nije zatekao u Grabovici. Otišli su, bez pozdrava, ali sudbina se ne može tak tako izbjeći, a da se ne pozdraviš sa njom. Medjutim, Ibrahimu nije bilo jasno, ko je komu sudjen, on Karagi ili Karaga njemu, ali svejedno, čekao je naredbu od ušlagiranog Rifata, kao što vjeran pas čeka gazdin znak da otrči po bačenu lopticu.

-I šta sad ja treba da uradim?

-Sredi te ludjake.

-Kako misliš da ih sredim?

Rifat napravi pokret desnom rukom preko vrata, bilo je očigledno da ih ne želi žive.

-Obavi to brzo, u tišini, dok vojna policija nije stigla i napravila buku od svega ovoga. I znaš šta još?

-Šta?

-Oni stanari tvoje zgrade o kojima si se raspitivao, onaj starac...kako se ono zvaše?

-Pejo.

-Da, Pejo, Karaga će znati šta se sa njim desilo.

U Ibrahimu se probudila vatra. Ruka mu je dodirnula kamu, koja je visila o opasaču, oko struka, tek da se uvjeri da je još uvijek tu, na istome mjestu.

Pogledao je u Šabana, koji je stojao na drugoj strani ulice.

-Ne vodi njega - reče Rifat - obavi to brzo, sam, mislim da ti on i nije potreban.

-Nije. Sam ću.

-U štabu ih je najviše pet-šest, ostali su se predali, ali ovi izgleda ne planiraju.

-Nema problema - odgovarao je Ibrahim kratko, dok mu je u očima sijao lik starog Peje, njegovog drugog djeda, oca kojega nikada nije imao i tihog Nebojše, čovjeka koji mrava nikada ne bi zgazio.

-Ja ću to da sredim, brzo i tiho, ne brini.

Rifat kao da je odahnuo. Rukom dade znak Šabanu da se vrati nazad i da ovdje više nije potreban.

Ova bitka je samo Ibrahimova.

Ista poput drugih, ali nekako drugačija. Do sada se borio i protiv ustaša i protiv četnika, ali sada ga sudbina dovela pred vrata bitke u kojoj će boriti protiv svojih. Znao je to, i Šaban ga odgovarao od toga kada mu je Ibrahim objasnio kuda ide.

-Nemoj Ibrahime, pusti to vojnoj policiji da završi, nemoj na svoje da udaraš.

A Ibrahima je to nerviralo. Nerviralo ga da ljudi koji ubijaju nevine civile mogu biti njegovi, ali valjda se to dešava u ratu, ali sve ovo što u posljednje vrijeme živi, ne bi se moglo nazvati ratom. Ovo nije rat, ovo je pakao u kojem vlada bezakonje, u kojem je život postao ništavan, vrijedan par cigareta i čašu viskija. Ali Ibrahim se tako tvrdoglavo držao toga da se ništa oko njega ne dešava, da još uvijek postoje ta neka pravila kojih mora da se pridržava i da radi ono što se od njega očekuje. Da uništi, da ubije drugog čovjeka, jer je takva naredba došla odozgo, a smatrao je da njegovo nije da preispituje te naredbe. To je ono na čemu se ovaj zasniva. Dva i dva daju četiri i ne može nikako biti drukčije. Ljudi se razlikuju, ali svi su životinje. I to im je zajedničko. Neko manja, a neko veća životinja i zato je mrzio kada bi Šaban izbezumljeno rekao da su naši, tamo u onoj zgradi i da ako ih ubije, da nikada više neće moći s mirom prošeati šeherom, da će ga pljuvati, da će....

Osjećaj za pravdu u zemlji bezakonja je još tinjao u ponekoj Ibrahimovoj krvoj zrnci i nije mogao protiv njega, nije mogao protiv sebe. Riđokosi Karaga nije njegov, jedino što zajedničko ima sa njim je ova usrana sudbina koja ih je zajedno stavila u kartonsku kutiju i primoran je da zajedno sa njim diše njen smarajući vazduh.

Nije teško ubiti čovjeka koji zaslužuje da umre, bio on naš ili njihov.

...

Nije bilo teško ni ući u to njihovo praktično nebranjeno gnijezdo, pogotovo za borca Ibrahimovog kova. Riješio se dvojice na hodniku. Tiho i brzo. Pažljivo je osluškivao njihov posljednji uzdah dok mu je kama polako rezala njihovu utrobu i da, bio je u pravu. Nema uopće ikakve razlike izmedju "naših" i njihovih, svi oni imaju taj prestrašeni pogled u očima, kada shvate da je došao trenutak i svima njima posljednji uzdah nije ništa hladniji od nekog drugog uzdaha. Svi leševi isto leže i svi isto truhnu, i svi oni vonjaju na isti način. Ponavaljao je to Ibrahim u sebi, dok mu je vojnička čizma gazila preko raznih leševa, kao da se tješio, uvjeravao sam sebe da je ovo što radi ispravno. A ko zna, možda i jeste bilo. Zašto ne pokušati razgovarati sa njima? Nagovoriti ih da se predaju, da odlože oružje..? Ali ne, ne, ne....to je prepuno posla, prenaporno je. Mnogo lakše je zariti ovaj ogromni nož u njihovo tijelo i nastaviti dalje. Nema ljudi, nema problema. Prepoznao je i onog nabildanog tipa u kožnoj jakni i sa francuzicom na glavi. Šta uopće pričati sa takvima? Lakše je privući mu se sa ledja dok on puši cigar i posmatra kroz prozor mračno Sarajevo. Dopustiti mu da povuče još jedan dim u sebe, još jedan i.....Nije se puno trzao. Nije ni primjetio Ibrahima. Ni smrt kako mu diše za vrat. Da li je ovo hinjski, kukavički način obračuna, pitao se Ibrahim i za par minuta odlučio da sjedne, dok je pored njegovih nogu tip u kožnoj jakni pokazivao zadnje trzaje. Kao ovca koju zakolješ za Kurban. Ibrahim je spustio glavu u šake i pitao se, zašto ovako razmišljam? Šta se dešava sa mnom? I ranije sam pričao sam sa sobom, ali nikada nisam ovako smarao, bio dosadan, težak samom sebi...Zašto se uopće pitam da li radim ispravne stvari? Zašto sumnjam u sebe? Zašto gledam u ovog neznanca u kožnjaku kako se i dalje trza, a mogao sam to obaviti brzo i ljudski? Pojavljuje li se to u meni dio samilosti, dio srca, kojeg sam i zaboravio kako kuca? Ja sam čovjek, stvoren da živim, da radim, stvaram porodicu i volim, a ne da ubijam. Da rješavam ovaj svijet njegovog zadnjeg ološa, kao da je to moj posao. A onda mu se pred očima ukazala slika Peje, stidnog Nebojše i one silovane jadnice iz Hercegovine i da, još samo da Riđokosog riješim, i onda će sve biti bolje, ali jak udar u glavu, sa ledja, prekinuo ga je u namjeri. Pao je i izgubio svijest

Probudio se u prostoriji punoj unakaženih leševa, koji su ležali svuda po sobi, bio je vezan za stolicu. Tik pored njega, na jednom od otkinutih udova ovih nesrećnika, primjetio je oznaku Vojne policije Armije Bosne i Hercegovine. Na njihovim preblijedjelim i unakaženim licama primjetio je da su to bila praktično djeca, koja su jučer postala punoljetna. Znao je da se radi o vojnim policajcima, koji su došli da hapse ridjokosog i završili su tako, kako su završili. U kutku sobe ugledao je siluetu, svijest mu se postepeno vraćala i brzo je razjaznao da se radi o njegovom starom poznaniku iz Grabovice. Ridjokosi je stajao i telefonom razgovarao sa nepoznatom osobom.

-Zašto mi nisi javio? Poslao si mi Ibrahima, a nisi mi unaprijed javio? Pa, koji ti je kurac? Pobio mi je čitavo odijeljenje ljudi.

Glas sa druge strane slušalice je pričao, ali Ibrahim još uvijek malo ošamućen od udarca u glavu, nije mogao da ga čuje.

-I šta sada da radim sa njim? - Ridjokosi je upitao nepoznatog.

-U redu...u redu....ali da znaš, ostaćeš mi dužnik....i nemoj pomisliti da možeš da me zajebeš....tvoja sranja čistim već godinama.....spremi ono što mi duguješ i dolazim po to čim se riješim Ibrahima.

I poklopio je slušalicu, pa se okrenuo Ibrahimu.

-Oooooo, ko se to nama probudio?

-Odgovarat ćeš za ovu djecu koju su pobio, prokletniče prosiktao je Ibrahim.

-Hahahah....naprotiv, moj dobri Ibraga, za njihove živote ćeš ti biti odgovoran, kada završim sa tobom,a ja ću ispasti heroj jer sam te ubio..

Pridje stolu na kojem su stojale već krvave metalne šipke, palice za bejzbol i razni presavijeni kablovi, za kojekakve električne instalacije, kojima se čitavu noć iživljavao nad nesretnicima iz vojne policije, ali ubrzo zastade, pa se ponovo okrenu ka Ibrahimu;

-Ne, ne...za tebe smo spremili metak u glavu, moj Ibrahime, ako će ti nešto značiti, potrudiću se da odeš brzo sa ovog svijeta. Ne, poput ovih idiota koji su došli da me hapse, pa sam morao da se zabavljam sa njima hahahah

-Saznat će se za ovo, prokleto govno, zar misliš da ćeš se izvući tek tako lahko. Ako se ubrzo ne vratim nazad, Rifat će poslati drugi odred da te hapse. I šta ćeš onda, jadniče?

Ridjokosi se još jače nasmijao.

-Hahahahah....ti si Ibrahime stvarno dokaz za ono što pričaju za nas Bosance, da smo glupi. Upravo sam telefonom razgovarao sa Rifatom, rekao mi je da te brzo završim. Jedan metak u glavu i the end. Vidiš, i Rifat se brine za tebe hahahaha, rekao mi je da te ne mrcvarim puno, jer si dobar čovjek hahahah

Na licu Ridjokosog se moglo vidjeti da je opijen drogama i ko zna kakvim alkoholom i moguće je da priča nebuoze, ali kada je Ibrahim malo bolje razmislio, sve mu je bilo jasno. Rifat je mogao da stoji iza svega, a ovo govno sa zlatnim zubima bio je njegov čistač za prljavi posao, u kojem su valjali sve ono što je ulazilo u Sarajevo preko tunela spasa. Ali i dalje mu nije bilo jasno, zašto Pejo, zašto Grabovica, zašto ovi izmasakrirani leševi koji leže svuda po sobi i možda bi mogao da sve te kockice poslaže, ali sada nije bilo vremena za razmišljanje, ridjokosi Karaga je u rukama već držao pištolj i spremao se da ispali sudjeni metak za Ibrahima.

-Žao mi je što se ovako završava Ibrahime, dobar si ti vojnik, jak i odan, i da znaš, neću te ubiti sa nekim pretjeranim zadovoljstvom hahahah

Ako mu je već bilo sudjeno da napusti život, Ibrahim je želio barem da shvati, u kakvom je živio, pa je nastavio sa pitanjima;

-Zašto ste pobili ove momke? Zašto ih je Rifat slao, ako on stoji iza svega ovoga?

-Oni su došli da hapse Rifata, a ne mene. Jebeni Rile me je probudio u pola noći da mu riješim ovu situaciju, a onda je tebe poslao, da imamo koga okriviti za njihova ubojstva i sve ostalo za što nas terete hahahah. I brzo će Rile uvjeriti guzonje u foteljama, da on nije imao ništa sa time, da je iza svega stojao odmetnuti heroj, kojem su hvalospjevi udarili u glavu, a to si, ti, moj Ibrahime hahahah.

-Kako misliš nije imao ništa sa time? Sa čime?

-Pa sa Grabovicom, Ibrahime i sa svim onim ubijenim vlasima, koje smo kupili po gradu.

-Ali, zašto?

-Šta, zašto?

-Zašto ste ubijali?

-E, jebi ga, zato što nam se može. Isprva, a onda je to izmaklo kontroli. Razmisli, Rifat te poslao u Grabovicu, zajedno sa onom dvojicom blizanaca sa Romanije i Šabanom, da počistite moje i njegovo sranje, da zataškate. Spisak sa imenima ljudi, koji su odgovorni za Grabovicu si dao njemu, a taj spisak je vjerovatno brzo nestao u plamenu hahaha. Ona dvojica glupana blizanaca sa Romanije, su već mrtvi, a i Šabana će ubrzo poslati na neko najužarenije ratište, sa kojega se nekim čudom, neće vratiti živ. Samo još tebe da riješimo, moj Ibrahime. Znao je da ako se riješi onog djedice iz tvoje zgrade, da će te mržnja zaokupiti, a najlakše je manipulisati čovjekom koji mrzi, moj Ibrahime. I onda te imao u šaci. Rifat je lud čovjek, pazi šta ti pričam. Sve mu je to udarilo u glavu. Pomislio je da je nedodirljiv. Brzo se pročulo da neko iz njegove jedinice pravi sranja, pa su odlučili da to srede, ali ni slutili nisu da je u pitanju Rifat. I meni je već postalo teško da čistim za njim, ali dok me dobro plaća, moje je da šutim. Ubrzo ću pokupiti dobru lovu i spizditi iz ovog pakla....možda u Holandiju....možda u Francusku.....ma jebi mu mater, bilo gdje, osim ovdje.

Ibrahimu je postalo sve jasnije. Daleko od toga da je bio naivan čovjek, ali nikada, ama baš nikada, nije se usudio pomisliti da bi neko mogao iskoristiti njegovu časnu borbu u neke svoje prljave svrhe. Kad shvatiš da su ljudi govna, svijet više i ne miriše toliko. A sve je iznenada počelo da dobija smisao i sam sebe je mrzio, što se sve više silio da shvati. Njegov život, život njegove djece, život njegove ljubljene, životi svih ovih jadnika koji su ostali u okruženom Sarajevu, ne vrijedi više od boce viskija, novih sunčanih naočara i američke žvakaće gume. Ne, ne, ne....jednostavno ne ide. Nije mogao da misli o nečemu što nikada nije ni pomislio da uradi. Iskoristiti borce, ljude koji svakodnevno ginu, tako bestidno pljunuti na sve to i pomisliti da činiš ispravnu stvar ili je to tek način prilagodjavanja ukletom vremenu u kojem živimo. Zakon jačega, zakon peksina, poput životinje koja se iskali na onoj slabijoj, jer nema nikoga da je zaštiti. Ostavljeni na milost i nemilost avetima sa brda, ljudi su tražili sigurnost u ljudima koji su ih pljačkali. I u čemu je razlika izmedju ovih gore i ove ništarije koja se sprema ispaliti sudbonosni metak u Ibrahima? Svi kao ubijaju zbog imena, a ustvari ubijaju da ne budu ona najslabija zvijer, u čoporu njih.

Ibrahim je shvatio da je iskorišten, ali bilo koji vojnik na svijetu, u bilo kojem ratu na svijetu, biva iskorišten od ljudi koji nikada nisu ratovali, koji sjede u foteljama i pomjeraju šahovske figure kako im se prohtije. Vojnik je pijun, najnebitnija figura na šahovskoj ploči, ali.... Ta spoznaja kao da je probudila još veći gnjev u Ibrahimu. Ako su svi nebitni, ako su svi pijuni, šta je onda bio stari Pejo?

Kralj.

Oko ljudi poput Peje, vrti se cijeli svijet, svaka šahovska igra gubi smisao ako u njoj nema kralja. Oko kralja se sve pokreće i zato je valjda kralj trebao da umre, da bi se pokrenuo pijun u Ibrahimu.

-Ti si prokleta izdajica! - odbrusi mu Ibrahim.

-Možda i jesam, Ibrahime, ali ja ću živjeti, a ti ćeš umrijeti, a ostaće zapisano da si umro kao izdajnik, ali ko će to znati osim tebe i mene.

Podiže pištolj i uperi ga u Ibrahimovu glavu.

Začuo se pucanj!

...

Ako je Ibrahim već bio mrtav, zašto je gledao ridjokosu bitangu, sa prostrijeljenom ranom na glavi, kako leži pored njegovih vezanih nogu za stolicu? Zašto vidi Šabana, kako stoji sa thompsonkom iz čije se cijevi puši trag galopirajućeg metka? Zašto čuje Šabanov glas kako mu govori;

-Šta je pičko? Prepao si se, ha?

Šaban se pojavio u posljedni tren, baš kada se Ridjokosi spremao da opali metak u Ibrahima.

-Sami te Bog poslao - reče Ibrahim sa olakšanjem, kada je shvatio da je spašen.

-Bilo mi je čudno što te Rifat šalje samog - reče Šaban dok je odvezivao Ibrahima sa stolice.

-Da, Rifat stoji iza svega.

-Znam, sve sam čuo. Šta ćemo sada?

Ibrahimu zasijaše oči.

-Znaš i sam. Idemo da posjetimo to govno.

Rifat je mirno sjedio u štabu. Ispijao još jednu ranu jutarnju kahvu, sa saznanjem da se riješio svih problema koje je imao. Već je smislio način kako da se opravda guzonjama iznad njega, koji su u posljednje vrijeme već počeli da mu postavljaju pitanja o zločinima koji su se sve učestalije dešavali u redovima Armije BiH, još mu je ostalo samo da smisli kako da se riješi Ridjokosog, jer na kraju pameti mu je bilo da sa tim ološem dijeli svoj teško stečeni plijen i da ga ostavi kao živog svjedoka za sve ono što su njih dvojica činili. Odjednom. u njegovu kancelariju je banuo Ibrahim, a za njim udje i Šaban. Naravno, ponovo bez kucanja. Rifat je preblijedio kada ih je vidio, ali ubrzo je morao da se pribere, da shvati šta da kaže, šta da slaže.

-Ibrahime, Šabane...otkud vi??

-Čudiš se što nas vidiš žive Rifate?

-Ne...ne....samo....kako....je li sve sredjeno? - smušeno je upitao Rifat, posmatrajući krajem oka bijeli revolver kojeg je držao ispod stola.

-Jeste, Rifate, sredjeno je - reče Ibrahim gledajući ga sa prezirom i željom da mu zarije nož duboko u trbuh i da ga pusti da iskrvari.

-Ne pokušavaj dohvatiti taj pištolj, Rifate - reče Šaban sve je sredjeno. Sve se zna. Ona tvoja hijena nam je sve ispričala, prije nego što mu se mozak rasuo na hiljadu dijelova.

Rifat je preplašeno šutio. Znao je da nema šanse protiv Ibrahima i Šabana.

-Nemoj, Ibrahime, morao sam to da uradim - zavapi
Rifat.

-Šta si morao? Da ubijaš nevine civile?

-Pa, rat je, jebi mu mater, vidiš i sam kako i gdje živimo, okruženi bradatim četnicima sa brda, kojima smo ovdje u gradu glineni golubovi. Znaš li ti Ibrahime, da ljudi iz Srbije za vikend dolaze iznad Sarajeva, da odvježbaju par pucnjeva iz snajpera, pa se vraćaju nazad kući, svojoj ženi i djeci. Mi im dodjemo kao streljana na kojoj mogu da se opuste, da istresu svoje frustracije, koje su prošle hefte pokupili na svojim radnim mjestima? Znaš li to Ibrahime?

Ibrahim je šutio, pustio je Rifata da priča. Čisto da vidi čega se sve jedan ološ može dosjetiti, kada shvati da mu je došao kraj.

-Znaš li ti, Ibrahime, da naša vojska gine gore po brdima, dok se ovi naši besposličari u gradu, izležavaju po svojim stanovima i kafićima? A vjerovatno neki vlah od njih i dojavljuje četnicima, na koji dio grada da sutra ispale granatu. I ti braniš takve?

-Udario si na pogrešnog, Rifate.

-I šta ćeš sada? Ubit ćeš me, Ibrahime?

-Ne. Ja neću. Vojna policija dolazi uskoro po tebe, Rifate, a znaj da medju njima ima i očeva od one djece, koje ste ti i ono ridjokoso govno svirepo pobili. Neko od njih će da ti presudi, a znaš i sam šta Armija i policija čine sa izdajicama u svojim redovima.

Rifat još jednom baci pogled na revolver, koji je se nalazio ispod stola. Kao da je jedini spas vidio u njemu, ali šta i ako uspije brzinom munje da ga dohvati i ubije i Ibrahima i Šabana, šta poslije....Znao je da je satjeran u ćošak zato i nije htio pružati otpor.

Ibrahim mu mirno pridje. Zavuče ruku ispod stola i izvuče veliki bijeli revolver, kojeg ubrzo položi na stol. Rifat se nije micao. Ili nije smio.

-Odaberi način na koji želiš da odeš - došapnu mu Ibrahim, osjećajući kako Rifat drhti. Mnogim žrtvama je prilazio ovako blizu, ali nijedna od njih nije drhtala poput Rifata. A on se tresao kao prut. Oči su mu bile pune suza...očaja....kukavičluka u kojeg je sam sebe doveo i nije odavao znake nekoga ko će ponosno da ode. Kao da je svaki tren htio da padne na koljena, da plače i da moli za oproštaj, ali čiji? Ko bi mu mogao da da taj oproštaj? Da mu oprosti?

Ibrahim nije taj.

Šaban nije taj.

A gnjevni očevi ubijenih vojnih policajaca, koji dolaze po njega vjerovatno neće imati vremena za praštanje.

Kao da je Rifat odjednom shvatio u kakvom vremenu živi, vremenu kojeg do jutros nije bio svjestan. Skupi viski, najfinije cigarete, bujna Minka spremna da ispuni bilo koju njegovu bolesnu maštariju, hijena spremna da ujede na svaku njegovu zapovijest i tunel spasa, od kojeg je Rifat brzo napravio tunel sopstvenog bogaćenja. Bogaćenja nad nevinim i preplašenim gradjanima, koji su svaku noć u opkoljenom Sarajevo, dočekivali i gladni i žedni, a on, Rifat, imao je sve na dohvat ruke. Nekome je rat bio rat, a Rifatu je bio brat i nije se trudio da to sakrije. Stvorio je sopstveni svijet u kojem on bio kralj i takvim načinom života brzo je došao na zub mnogima. A sada, ovoga jutra, u ovoj prostoriji, niko je i ništa. Nije prestajao da se trese pred Ibrahimom. Čak i vonj mokraće je počeo da prodire iz njegove uniforme i da se širi sobom. Ibrahim mu ponovo došapnu.

-Ostaviću ti pištolj ovdje. Znaš šta trebaš?

I glavom dade znak Šabanu da izadju. Na izlasku, Ibrahim zastade i još jedanput se okrenu ka Rifatu. I dalje je stojao pored stola i drhtao, skupljajući hrabrost da privoli ruku da se lati bijelog revolvera na stolu, da ga prinese sopstvenoj sljepočnici i povuče okidač, ali...ali još uvijek je bilo prerano za smrt. Za smrt je uvijek prerano.

-Nemoj, Ibrahime...... pomozi mi.....podijelićemo sve na pola....imam novca....zlata.....zajedno smo odbranili ovaj grad....

-Ništa ti i ja Rifate nismo zajedno branili. Ništa. Tvoji su ubijali nenaoružane....ja nisam.

-Proklet da si, Ibrahime - prosikta iznervirano Rifat proklet da si, gorjet ćeš u džehenemu!

Počeo je da ključa kada je shvatio da nema izlaza i iz njega su možda izlazile i najiskrenije riječi do tad.

-A šta ti glumiš, Ibrahime? Šta glumiš? Misliš da si neki Rambo, da se oko tebe sve okreće, a ustvari si jedan običan pijun. Najobičniji pijun. Misliš da će te neko nakon rata poštovati? Da ćeš jesti zlatnim kašikama? Da će te smatrati herojem, da će se neka škola ili ulica zvati po tebi? Ti i ja smo njima potrošna roba, Ibrahime, oni ovakvih poput nas imaju na stotine, kako ne razumiješ? Ti si lud, Ibrahime, ti si lud.

Ibrahim je smireno slušao, a Rile nastavio;

-Kad se jednog dana ovaj rat završi, shvatit ćeš da sam bio u pravu. Umrijet ćeš sam i zaboravljen, budalo, ni svojim Sarajevom nećeš više moći prošetati ako mi zafali dlaka sa glave, šta ti misliš ko si ti? Obično ostavljeno kopile, kojega ni sopstveni roditelji nisu htjeli zadržati. Upravo ti nudim sve. I novac, i sigurnost, i izlaz iz ovog pakla, a ti...ti...

Rifat prosikta, brzo dohvati bijeli revolver i uperi ga ka Ibrahimu. Začuo se pucanj, pa još jedan....Šaban se brzo vrati nazad i imao je šta da vidi. Rifat je ležao na podu kancelarije, sa Ibrahimovom kamom u stomaku. Prvi njegov ispaljeni metak je pogodio Ibrahima u ruku, ali je to bila tek ogrebotina. Drugi pucanj je bio uzaludan, bespotreban, jer za ubiti vojnika poput Ibrahima imaš samo jednu šansu i ako je propustiš brzo ćeš se obresti kako ležiš sa ogromnom kamom u stomaku. Ibrahim je stojao iznad njega i pažljivo čekao da izadje posljednji dah iz Rifatovog tjela, kako bi za svaki slučaj još jednom nožem prošarao po njegovoj utrobi i onda znatiželjno promatrao krv koja je curila niz kamu. Bila je crvena. Začudo. Poput i svih ostalih.

Od tog prizora, kada Ibrahim obavlja taj neki svoj bolesni ritual nad tek preklanom žrtvom, Šaban se najviše plašio, pogotovo ovoga jutra kada su zvuci čizama vojne policije sve bliže odzvonjavali hodnikom i postajali sve bliži i bliži. Ubrzo su došli i zatekli stravičan prizor u sobi. Rifat više nije davao znakove života, ležao je na podu rasporenog stomaka, a pored njega, u neugodnoj drvenoj stolici mirno je sjedio Ibrahim i pušio tek zapaljeni cigar.

-Mrtav je? - upitao je jedan od vojnih policajaca.

-Jeste - odgovori Ibrahim - mrtav je, a šteta, mogao je još da poživi i da odgovara za sva zla koja je počinio. Nitko Ibrahimu nije ni prigovorio zbog njegovog postupka, svi su ionako znali ko je bio Rifat. Vrh Armije BiH ga je odavno imao na oku, znali su šta radi i čekali su samo pogodan trenutak da ga uhapse, a čovjeka poput Rifata, koji je iza sebe imao naoružane pristalice nije bilo tek tako jednostavno privesti. I kako se stvar na kraju završila, ispalo je da je Ibrahim vojnu policiju riješio muke, a vjerovatno je neko gore u vrhu i odahnuo kada je čuo vijest da je Rifat mrtav i da više neće moći da priča. Ibrahim je mnogo puta do tada pomišljao da koliko god da je Rifat bio opasan i zlonamjeran čovjek, da sve ovo nije mogao učiniti bez podrške nekoga u vrhu. Nekoga ko ga je naoružao, nekoga ko mu je otvarao sve puteve, nekoga ko ga je poslao u Grabovicu, ko mu je naredjivao....ili možda jeste?

Pitanje na taj odgovor se nikada neće saznati.

U izvješću Armije je pisalo da je Rifat poginuo od agresorske ruke, da je gore negdje na Trebeviću bio zarobljen od strane četnika i da su oni jednom za svagda završili sa njim.

A Ibrahim, tog dana je odveden u štab korpusa na "obradjivanje" i tu je bio zadržan gotovo cijele večeri. Sutradan su ga pustili. Naredjeno mu je da šuti i ne priča puno o onome što je vidio u Grabovici i u Sarajevu. Jednostavno je za nekoliko vremena pomaknut u stranu, da njegov lik i djelo ne bi nadrasli one koji su željeli da sve padne u zaborav. A Ibrahim se nije ni bunio. Nikada i nije želio da bude heroj, iako je obična raja dobro znala ko je i šta je Ibrahim i njemu je to bilo dosta. Nije negodovao ni kada su nesposobni likovi koji su cijeli rat presjedili u kancelarijama korpusa bili odlikovani Zlatnim ljiljanom, niti kada se neka ulica ili škola imenovala po heroju koji se tokom rata skrivao iz njegovih ledja, jer dobro je znao da poslije rata počinje neki novi rat, za kojega on više neće biti spreman, za kojega on više nema volje. Kojeg će izgubiti.

A sve je moglo da bude drugačije, samo da je Hadžibegić malo više zadigao loptu i možda malo jače opalio. Ovako.....svima onima koji su ostali ovdje, u ovome ratu, životi su nepopravljivo promjenjeni i ko zna, koliko dugo će ovaj rat još da traje i kako će se na kraju završiti, ali onaj koji ovdje ostane zadnji.

Taj će najviše da pati.

...

-Ivana Kozlić! - glas medicinske sestre se prolamao ogromnim hodnikom Uniiverzitetskog kliničkog centra Sarajevo.

Gospodja u ostarjelom i izderanom kaputu, iako srednjih godina, odavala je dojam žene u dubokoj starosti, tromo je ustala i zaputila se ka ordinaciji. U ulasku, sjela je za stol. Sa druge strane je sjedio doktor Smailagić.

-Kako se držiš - pitao ju je?

Ona je samo slegnula ramenima. Došla je po terapiju, uzeti tablete i vratiti se o svoj trošni stančić na periferiji Sarajeva.

-Kako su djeca? - doktor je nastavio sa pitanjima.

-Dobro. U Njemačkoj su, kod mojih.

-Čuješ li se sa njima?

-Naravno - reče ona, a lice joj se malo ozari. Tek tada je podsjetila na onu staru i nasmijanu Ivanu, do ušiju zaljubljenu u stasitog Ibrahima, iako je danas više odavala dojam starice u kasnim godinama. Sporo se kretala, oči tromo otvarala i istinski pokušavala da ostavi dojam da se radi o nekome ko ne postoji na ovome svijetu. Par riječi sa doktorom Smailagićem je sve što joj je ostalo, iako joj nikako nije bilo do priče. Tu je da joj doktor pripiše lijekove i....

-Kako je mladji?

-Školuje se. Kaže da je navikao, ne nedostaje mu toliko Sarajevo, Bosna.....- htjela je da izusti i Ibrahimovo ime, ali je u posljednji tren zašutila, iako je to doktoru bilo i više nego jasno. Nastavio je sa pitanjima;

-A stariji? Kako se ono zvao?

-Zlatan.

-Da, Zlatan.

-Oženjen je, imam i prelijepog unuka.

-Zašto ti nikada nisi otišla sa njima?

Njeno lice se odjednom naglo povrati u učmalost i neraspoloženje. Kao da ju je bilo stid gledati, a nije imala nikakvog razloga da se srami.

-Nisam ga mogla ostaviti samog. - reče stidljivo.

Doktor je tužno pogleda.

-Rekao je da si ga varala.

-Nikada.

-On je tako govorio ovdje na.....

Iznenada iz Ivane izbi lice ratnice, lice žene kojoj si mogao učiniti sve što ti se prohtije, ali nisi smio dirati u njega, u njenu svetinju, Ibrahima!

-Nikada ga nisam prevarila, NIKADA! On je bio moj vazduh kojeg sam disala, ali su mi ga oteli.

Zašutila je prkosnog izgleda lica i bez trunke sramežljivosti, izravno gledala doktora Smailagića u oči. -Ko ga je oteo, Ivana?

-Rat.

-Rat?

-Da, rat ga je oteo, tako grubo ga iščupao iz mog naručja i naručja naše djece i odnio bez traga, a ja sam gledala i nisam mogla ništa da uradim. Svaki put kad bi se vraćao sa nekog ratišta, svaki put sam ga gledala kako nestaje i ubrzo sam shvatila, da su ga oteli i da to nije više onaj moj Ibrahim.

Par suza je krenulo da čisti njeno naborano lice.

-Ali nikada ga nisam prestala da volim. Čak i u ona vremena, kada sam bila ostavljena sama, sa dvoje djece, o kojima sam trebala da brinem, da ih izvedem na pravi put, a i oni su, poput mene, svakog dana iščekivali neke riječi iz Ibrahimovih usta, koje će im dati do znanja da im je otac i dalje tu, da se brine o njima...o nama.....ali.....nije bilo povratka. I to me je ubijalo. A najviše me ubijalo, kada me optužio da ga varam, kada je počeo da bježi od sopstvene djece....kada je počeo da u svima vidi neprijatelje. Nikome više nije vjerovao. Plašio se. Naveče je plakao. Nas sve istjerao iz stana tako da sam poslije rata morala da radim kojekekve poslove, da bi Zlatanu i Amaru obezbjedila život dostojan djeteta, a on više nikada nije htio da čuje za nas.

Pričala je bez prestanka. Kao da je godinama čekala da sve to izbaci iz sebe, ali nije imala kome, nije bio pravi trenutak.

-Čak ni tada ga nisam prevarila - nastavila je ona - i tada sam ga isto voljela kao prvoga dana. Svaki dan sam se budila sa željom da se sve ponovo vrati na staro, ali....ali nije. Iz dana u dan je bilo sve gore. Onaj dan kad su mi javili da su ga pronašli u našem stanu....da je podigao ruku na sebe.....kao da mi je bilo lakše. Ne, zbog sebe, jer meni doktore više nikada neće biti lakše bez Ibrahima, ali kao da sam očekivala nemoguće. Da će se on jednog dana vratiti, doći i pokucati na vrata one moje trošne kućice i reći da je sve bila šala i da se samo šalio....i kad su javili da su ga našli, bilo mi je lakše, jer više nemam nade. A nekako, i zbog njega. Strašno je bilo gledati ga kako pati. A znam da se borio. Borio se za nas. Za mene i djecu, ali....taj đavo je bio jači od njega. Ne želim ni pomisliti kakvi su mu bili zadnji sati života.

Doktor je slušao, spuštene glave. Nije želio da ju prekida. Znao je da je ovo Ivaninih pet minuta i dugogodišnja psihijatarska praksa ga je naučila da je razgovor sa pacijentom najbolja terapija.

-Amar mu je par puta zvonio na vrata, ali Ibrahim mu nikada nije otvorio i znaš doktore, tužno je gledati lice djeteta kojemu ni otac ne želi otvori vrata. Ali ponekad sam pomislila, u dubokoj svojoj nevjerici, da Ibrahim to možda radi da bi nas zaštitio od samog sebe. Jer znam da nas nikada ne bi napustio, on je u svemu bio jak poput stijene, ali nisam znala....

Doktor napravi zapitkujući pogled.

-Nisam znala koliko je rat jak. A sada znam. Ako je Ibrahima pobijedio, onda je to prokletstvo nepobjedivo.

Zašuti i ponovo se vrati u svoju ljušturu u kojoj je nalazila zaštitu i otpornost na ljude oko sebe.

-I šta ćeš sada? - upita je doktor.

Ona ga začudjeno pogleda.

-Kako mislite, šta ću sada?

-Pa, mogla bi otići odavde, sinovima u Njemačku.

Ona se podiže sa stolice. Tašnjicu, koja je bila mnogo više dotrajana od njenog kaputa, prebaci preko ramena i u povratku zastade i okrenu se ka doktoru Smailagiću.

-Ne vjerujem, da me to pitate, doktore.

Doktor ponovo napravi začudjujući izraz lice.

-Zbog čega ne vjeruješ?

Ivana se prkosno ispravi.

-Ibrahim je još živ. U svakoj ulici, na svakom mostu, u svakoj zori, koja iznenada izbije iznad ovog grada, i dalje vidim i njega. Teško ti je to objasniti, doktore. On je još živ. Tek kad bi otišla odavde, umrla bih, a onda bi i on umro.

Reče žena, u najboljim godinama života, ali ipak nalik na staricu, i tromim korakom se zaputi van.

Doktor Smailagić ju je posmtarao sa prozora, dok se kretala niz tijesne sarajevske ulice. Nije mnogo žurila, mnogi prolaznici su prolazili pored nje, neprimjećujući jednu ženu, kojoj na dotrajalom kaputu piše da je preživjela rat, ali mir neće. I tek kada se Ivana izgubila u masi, doktor Smailagić se odmakao od prozora i prišao
starom radiju, na polici i pojačao ga. Reporter je čitao vijest;

-Na današnji dan 1980. godine, preminuo je doživotni predsjednik Jugoslavije, Josip Broz Tito.....

Nekoliko godina poslije

Sarajevo se budilo u proljetnom suncu, iako još uvijek pospano nakon košmara kojeg je usnilo. Bio je to težak san, možda najteži u njegovim dugogodišnjim prospavanim noćima, pa je teturajući po izmorenim ulicama, još uvijek nije odavalo dojam da je stalo na sopstvene noge. Za razliku od ulica i mnogobrojnih kafića u njihovim zabitima, nebo iznad Sarajeva je bilo još uvijek ono isto. Nekako, poslije rata, kada su se u ovaj grad slivale mnogobrojne turističke agencije sa svojim klijentima koji su nestrpljivo čekali da dodirnu ono što su godinama posmatrali preko malih ekrana i uz tužne grimase osluškivali vijesti sa radija, kada bi reporter javio da se par stotina kilometara od Rima, Beča, Minhena...desio masakr nad nevinim civilima, koji su čekali u redu za hljeb ili vodu, sada su tu na istom tom mjestu i ne znaju gdje da gledaju. Osim u nebo. Sarajevsko nebo bi opčinilo i znane i neznane, tako već godinama. Neopisiv osjećaj mira dok udišeš i ne misliš ni na što.

Tako je i tog dana dok su se sunce i vjetrovi sa obližnjih planina šeretski ljubakali, još jedan audi sa stranim registracijskim oznakama je vozio kroz Sarajevo i poslije izvjesnog vremena zaustavio se pored žute oronule zgrade na Bistriku. Ustvari, više je bila nalik na neku gradjevinu koja u svojim zidovima i dalje tvrdoglavo čuva hiljade neispričanih priča, a barem jedna od njih bi trebala da bude ispričana.

Iz auta je izašao maleni dječak i stao u travom obraslo dvorište. Za njim su obrzo došle dvije odrasle osobe. Muškarac i žena. Ona je rekla na lošem bosanskom;

-Znači, tu smo?

-Da, tu smo.

Tri lika su nijemo zurili u crne otvore koji su zjapili na zgradi, sa kojih su nekada veselo plesale zavjese, stojale saksije sa cvijećem, visio oprani veš stanara i poneko lice bi pored čekalo nekoga svoga da nabasa iz uzavreloga grada.

-Boli li te? - upitala je Marija, zgodna plavokosa njemica, koja se jednog dana iznenada zaljubila u bosansku izbjeglicu na ulicama Dortmunda. Pitala je, jer je znala koliko joj je njen voljeni muž, Zlatan, pričao o vremenu provedenom u Sarajevu, o požutjelom haustoru, o svom ocu heroju, po kojemu je i sinu dao ime, o svojoj majci, bratu i danima kada se ovdje svakodnevno spašavala živa glava.

-Naravno da me boli, ovdje sam rodjen, ovdje sam živio... - odgovorio je Zlatan, stariji sin Ibrahima i Ivane.

Na tren zastade, poveća knedla kliznu mu niz njegovo grlo: "Vidiš, Marija, odavde ja dolazim".

Koliko god da se trudila da u ruševini pred njenim očima vidi nešto, neki smisao, neki djelić njenog Zlatana, nekog života koji se ovdje nekoć odvijao i koji bi je ganuo onoliko kao njenog muža, plavokosa Marija nije uspjela. Za nju je to bila hrpa kamena, koji samo što se nije strovalio na zemlju, izblijedjela gradjevina nalik na ona černobiljska mjesta poslije nuklearne katastrofe i tek poneka klupica koja bi stidljivo virila iz trave. To što vidi i nije je privlačilo toliko očaravajuće kao beskrajno plavetnilo koje se prostiralo iznad oronulih zgrada. Sutra će sve postati parking nekog tržnog centra i sve će možda ljepše izgledati za nekoga ko je tu slučajno. -Nebo je predivno - rekla je.

-Jeste, oduvijek je i takvo - reče Zlatan vraćajući se tužno nazad ka automobilu.

-Ibrahime, dodji, idemo - zovnu ga Marija.

Maleni dječak je potrčao nazad i sjeo na zadnje automobila. U ruci je nešto držao. Zlatan primjeti; -Šta ti je to u ruci?

Ibrahim otvori dlanove svojih malenih šaka, u ruci je držao drvenu šahovsku figuru. Crnog pijuna.

-Odakle ti to? Gdje si to našao? - Marija zagalami.

-Tamo, pred zgradom - dječak reče preplašeno.

-Vrati to gdje si našao, zašto uzimaš stvari koje nisu tvoje? - majka je bila uporna.

Ibrahim je otvorio vrata automobila, pokušavajući da posluša majku i da vrati šahovsku figuru tamo gdje ju je i našao, ali Zlatanov glas ga zaustavi.

-Ne, ne moraš to da bacaš. Vrati se, sjedni.

Dječak ga posluša i ćutke se vrati na zadnje sjedište automobila.

-Još si mali, ali jednog dana ću ti ispričati priču o ljudima, koji su svakodnevno igrali šah tom figuricom. reče mu Zlatan

-A ko su oni bili tata? - upita znatiželjno Ibrahim.

-Heroji, sine - odgovori Ibrahimov otac, paleći ogrmnog crnog audija njemačkih registracija.

Heroji.

Zlatan je nakon rata, zajedno sa svojim bratom Amarom, otišao kod da živi kod Markana i Sandrine u Njemačku.

Šaban je poginuo u saobraćajnoj nesreći. Izgubio je kontrolu nad autom, i poginuo.

Nekompletni posmrtni ostaci Peje i Nebojše su nakon rata ekshumirani iz jedne grobnice iznad Sarajeva i poslije dostojno sahranjeni na groblju Lav. Pored te grobnice, mnogo godina nakon rata, podignut je spomenik. Na spomeniku ne piše ko je i zašto ubio Peju i Nebojšu.

Stari Salko nikada nije pronašao posmrtne ostatke svoga sina Jasenka, koji se vodi kao poginuli borac. Baš kao i ridjokosi Karaga.

Rifat je nakon rata proglašen herojem odbrane Sarajeva. Pokopan je uz najveće državne počasti.

Na mjestu sive zgrade na Bistriku poslije rata se izgradio velelijepni tržni centar.

Ivana je, par godina nakon Ibrahima, umrla od ljubavi.

Malo ko danas uopće i zna da je Ibrahim bio heroj odbrane Sarajeva.

Roman je pisan u čast svih Ibrahima i Ivana, heroja Sarajeva.

****

www.ingramcontent.com/pod-product-compliance
Lightning Source LLC
Chambersburg PA
CBHW051310220526
45468CB00004B/1279

* 9 7 8 1 9 6 1 6 1 9 0 6 7 *